受益一生的百科知识

中国文化百科知识

高　辉　曾微隐　编著

吉林人民出版社

图书在版编目(CIP)数据

中国文化百科知识 / 高辉, 曾微隐编著. —— 长春：
吉林人民出版社, 2012.4
　（受益一生的百科知识）
　ISBN 978-7-206-08758-5

　Ⅰ.①中… Ⅱ.①高… ②曾… Ⅲ.①中华文化 – 通
俗读物 Ⅳ.①K203-49

中国版本图书馆 CIP 数据核字(2012)第 071058 号

中国文化百科知识

ZHONGGUO WENHUA BAIKE ZHISHI

编　　著：高　辉　曾微隐
责任编辑：李沫薇　　　　　　封面设计：七　洱
吉林人民出版社出版 发行（长春市人民大街7548号　邮政编码:130022）
印　　刷：永清县晔盛亚胶印有限公司
开　　本：670mm×950mm　1/16
印　　张：13　　　　　　　　字　　数：220千字
标准书号：ISBN 978-7-206-08758-5
版　　次：2012年7月第1版　　　印　　次：2023年6月第3次印刷
定　　价：45.00元

目录 CONTENTS 1

文化常识（001—022）

思想（023—034）

目录
CONTENTS 2

语言文字（063—076）

目录
CONTENTS 4

绘画（116—126）

目录
CONTENTS

8

文化常识

笼统地说，文化既是一种社会现象，是人们长期创造形成的产物，又是一种历史现象，是社会历史的积淀物；具体地说，文化是指一个国家或民族的历史、地理、风土人情、传统习俗、生活方式、文学艺术、行为规范、思维方式、价值观念等。

● 文 化

文——知识的结构性积累，化——教化于人。从19世纪末至今，很多哲学家、社会学家、人类学家、历史学家和语言学家一直试图从各自学科的角度界定文化的概念，仅从1871年至1951年的80年里，关于文化的定义就有164条之多，但迄今为止没有获得一个公认的、令人满意的定义。人类学鼻祖泰勒是现代第一个界定文化的学者，他认为文化是复杂的整体，包括知识、信仰、艺术、道德、法律、风俗以及其他作为社会成员所习得的任何才能与习惯，是人类为使自己适应其环境和改善其生活方式的努力的总成绩。笼统地说，文化既是一种社会现象，是人们长期创造形成的产物，又是一种历史现象，是社会历史的积淀物；具体地说，文化是指一个国家或民族的历史、地理、风土人情、传统习俗、生活方式、文学艺术、行为规范、思维方式、价值观念等。

● 文化分类

文化大致可以分为：（1）史前文化；（2）古代文化：黄河流域文化、河姆渡文化、半坡文化、玛雅文化、尼罗河流域文化、两河流域文化、印度河流域文化；（3）中古文化：古希腊文化、古罗马文化、古波斯文化、古印度文化、古代中国文化；（4）中世纪文化：基督教文化、伊斯兰文化、印度文化、儒家文化；（5）近代文化：帝国主义文化、殖民地文化；（6）现代文化：社会主义文化、资本主义文化、第三世界文化；（7）后现代文化：发达国家文化、发展中国家文化、最不发达国家文化；（8）未来文化：杜康文化、汉文化。

● 文化的词典解释

文化在《现代汉语词典》上的解释是：（1）人类在社会历史发展过程中所创造的物质财富和精神财富的总和，特指精神财富，如文学、艺术、教育、科学等；（2）考古学用语，指同一个历史时期的不依分布地点为转移的遗迹、遗物的综合体，同样的工具、用具、制造技术等是同一种文化的特征，如仰韶文化、龙山文化；（3）运用文字的能力及一般知识，如学习文化、文化水平。

● 中国传统文化

中国传统文化主要包括文学、艺术、教育、宗教、武术、中医、饮食文化、民族风俗、建筑风格、服饰、各门学科（其中包括中医）等。

● 国　学

是指以儒学为主体的中华传统文化与学术。以学科分，可分为哲学、史学、宗教学、文学、礼俗学、考据学、伦理学、版本学等，其中以儒家哲学为主流；以思想分，可分为先秦诸子、儒道释三家等，儒家贯穿并主导中国思想史，其余皆居从属地位；以《四库全书》分，分为经、史、子、集四部，以经、子部为重，尤倾向于经部。国学既然是中国传统文化与学术，也包括医学、戏剧、书画、星相、数术等，这些是国学的外延。

● 国　粹

指华夏民族的传统文化中最具有代表性和最富有独特内涵的，深受许多时代的人们欢迎的文化遗产。最有代表性的是京剧、中国画、中国医学、中国武术、书法、围棋、象棋、麻将、烹饪等。

● 人　文

人文是人类文化中的先进部分和核心部分，即先进的价值观及其规范，集中体现在：重视人，尊重人，关心人，爱护人。"人文"一词最早出现在《易经》中贲卦的象辞："刚柔交错，天文也。文明以止，人文也。观乎天文以察时变；观乎人文以化成天下。"宋代程颐《伊川易传》卷二解释为："天文，天之理也；人文，人之道也。天文，谓日月星辰之错列，寒暑阴阳之代变，观其运行，以察四时之速改也。人文，人理之伦序，观人文以教化天下，天下成其礼俗，乃圣人用贲之道也。"

● 文　明

英语中的"文明"（civilization）一词，源于拉丁文"civis"，意指城市的居民，其本质含义是人民和睦地生活于城市和社会集团中的能力。引申后，意指一种先进的社会和文化发展状态以及达到这一状态之过程，涉及领域包括民族意识、技术水准、礼仪规范、宗教思想、风俗习惯以及科学知识的发展等。汉语中的"文明"一词，最早出自《易经》的"见龙在田，天下文明"。在现代汉语中，文明指一种社会进步状态，与"野蛮"一词相对立。文明与文化这两个词有含义相近的地方，也有不同。文化指一种存在方式，有文化意味着某种文明，但是没有文化并不意味着"野蛮"。

● 龙凤纹样

龙在中国传统文化中是权势、高贵、尊荣的象征，又是幸运和成功的标志。

龙的各部位都有特定的寓意：突起的前额表示聪明、智慧；鹿角表示社稷和长寿；牛耳寓意名列魁首；虎眼表现威严；魔爪表现勇猛；剑眉象征英武；狮鼻象征宝贵；金鱼尾象征灵活；马齿象征勤劳和善良等。龙的神性可以用喜水、好飞、通天、善变、显灵、征瑞、兆祸、示威来概括。凤为百鸟之王，五行属火，是火之精灵。向上飞升的凤凰，仪态万方，气宇轩昂，是火之图腾。传说"凤凰涅槃，浴火重生"，凤也成为人类自强不息的精神象征。自古以来，"凤"与"龙"一样，是中国人民寄寓祝福和希望的传统图腾。"龙凤配"图案在唐朝以后广为流传，不但象征帝王和帝后的权威，而且也象征人类所有夫妻间的美满结合，可象征精神与物质的阴阳两极调和。可以说，龙凤图案是中华民族最有代表性的形象符号，是美妙的艺术形象。

● 中国红

红色是中华民族最喜爱的颜色，中国红作为中国人的文化图腾，其渊源可追溯到古代对日神虔诚地膜拜。中国红（又称绛色）是三原色中的大红，以此为主色调衍生出中国红系列：娇嫩的榴红、深沉的枣红、华贵的朱砂红、朴拙的陶土红、沧桑的铁锈红、鲜亮的樱桃红、明艳的胭脂红、羞涩的绯红和暖暖的橘红。中国红与青花蓝、琉璃黄、国槐绿、长城灰、水墨黑和玉脂白构成一道缤纷的中国传统色彩风景线。中国红意味着平安、吉祥、喜庆、福禄、康寿、尊贵、和谐、团圆、成功、忠诚、勇敢、兴旺、浪漫、性感、热烈、浓郁、委婉；意味着百事顺遂、祛病除灾、逢凶化吉、弃恶扬善等。

● 中国结

相传中国结是由一个和尚在闲暇之余用一根绳编出一个整结，然后串上名贵的佛饰品，编出"王"字的穗，流传至今。和尚为了体现他"一心一意"向佛，所以是用一根线编出来的，穗上为了体现他"至高无上"的信仰，故编出"王"字。后来，逐渐流入社会，中国结的意义也从信仰改变为中国人对亲情、友情、爱情的"一心一意"及拥有者"至高无上"身份的象征。

● 玉石文化

中国人把玉看作天地精气的结晶，用做人神心灵沟通的中介物，使玉具有了不同寻常的宗教象征意义。古籍中把昆仑山称为"群玉之山"或"万山之祖"。玉在古代中国所产生的精神文化，是东方精神生动的物化体现，是中国文化传统精髓的物质根基。取之于自然，琢磨于帝王宫苑的玉制品被看作显示等级、身份、地位的象征物，成为维系社会统治秩序所谓"礼制"的重要构成部分。同时，玉在丧葬方面的特殊作用使之具有无比神秘的宗教意义。把玉本身具有的一些自然特性比附于人的道德品质，作为所谓"君子"应具有的德行而加以崇尚、歌颂，更是中国人的伟大创造。

● 朋友称谓

（1）贫贱之交——贫困而地位低下时结交的朋友；（2）金兰之交——情谊契合、亲如兄弟的朋友；（3）刎颈之交——同生死、共患难的朋友；（4）患难之交——在遇到磨难时结成的朋友；（5）莫逆之交——情投意合、友谊深厚的朋友；（6）竹马之交——从小一块儿长大的异性好朋友；（7）布衣之交——以平民身份相交往的朋友；（8）忘年交——辈分不同、年龄相差较大的朋友；（9）忘形交——不拘于身份、形迹的朋友；（10）车笠交——不因贵贱的变化而改变深厚友情的朋友；（11）君子交——在道义上彼此支持的朋友；（12）神交——心意相投、相知很深的朋友，也指彼此慕名而未见过面的朋友。

● 年龄称谓

古人的年龄有时不用数字表示，而是用一种与年龄有关的称谓来代替。（1）襁褓——未满周岁的婴儿；（2）孩提——两三岁的儿童；（3）垂髫——三四岁至八九岁的儿童。髫，指古代儿童头上下垂的短发；（4）总角——八九岁至十三四岁的少年。古代儿童将头发分为左右两半，在头顶各扎成一个结，形如两个羊角，故称"总角"；（5）豆蔻——女子十三四岁至十五六岁。豆蔻是一种初夏开花的植物，初夏还不是盛夏，比喻人还未成年；（6）及笄：女子十五岁；（7）束发——男子十五岁。到了十五岁，男子要把原先的"总角"解开，扎成一束；（8）弱冠——男子二十岁。古代男子二十岁行冠礼，表示已经成人，因为还没达到壮年，故称"弱冠"；（9）而立——男子三十岁。立，"立身、立志"之意；（10）不惑——男子四十岁。不惑，"不迷惑、不糊涂"之意；（11）知命——男子五十岁。知命，"知天命"之意；（12）花甲——六十岁；（13）古稀——七十岁；（14）耄耋——八九十岁；（15）期颐——一百岁。

● 百姓称谓

常见的有布衣、黔首、黎民、生民、庶民、黎庶、苍生、黎元、氓等。

● 职业称谓

对一些以技艺为职业的人，称呼时常在其名前面加一个表示他的职业的字眼儿，让人一看就知道此人的职业身份。如《庖丁解牛》中的"庖丁"，"丁"是名，"庖"是厨师，表明职业。《师说》中的"师襄"和《群英会蒋干中计》中提到的"师旷"，"师"，意为乐师，表明职业。《柳敬亭传》中的"优孟"，是指名叫"孟"的艺人。"优"，亦称优伶、伶人，古代用来称以乐舞戏谑为职业的艺人，后亦称戏曲演员。

● 死的讳称

古人对"死"有许多讳称，主要有：（1）天子、太后、公卿王侯之死称：薨、崩、百岁、千秋、晏驾、山陵崩等；（2）父母之死称：见背、孤露、弃养等；（3）佛道徒之死称：涅槃、圆寂、坐化、羽化、仙游、仙逝等，"仙逝"现也用于称被人尊敬的人物的死；（4）一般人之死称：亡故、长眠、长逝、过世、谢世、寿终、殒命、捐生、就木、溘逝、老、故、逝、终等。

● 干 支

天干地支的合称。天干：甲、乙、丙、丁、戊、己、庚、辛、壬、癸；地支：子、丑、寅、卯、辰、巳、午、未、申、酉、戌、亥。十干和十二支依次相配，组成60个基本单位，古人以此作为年、月、日、时的序号，叫"干支纪法"。如《冯婉贞》："咸丰庚申，英法联军自海入侵。"咸丰，皇帝年号；庚申，干支纪年。"六十甲子"依次是：甲子、乙丑、丙寅、丁卯、戊辰、己巳、庚午、辛未、壬申、癸酉、甲戌、乙亥、丙子、丁丑、戊寅、己卯、庚辰、辛巳、壬午、癸未、甲申、乙酉、丙戌、丁亥、戊子、己丑、庚寅、辛卯、壬辰、癸巳、甲午、乙未、丙申、丁酉、戊戌、己亥、庚子、辛丑、壬寅、癸卯、甲辰、乙巳、丙午、丁未、戊申、己酉、庚戌、辛亥、壬子、癸丑、甲寅、乙卯、丙辰、丁巳、戊午、己未、庚申、辛酉、壬戌、癸亥。

● 经史子集

我国古代图书分类，始于晋朝的荀勖。经，指儒家经典；史，指各种体裁的史学著作；子，指先秦诸子百家的著作及政治、哲学、医学等著作；集，泛指诗词文赋专集等著作。

● 诗文集命名方式

古人为诗文集命名的方式主要有：（1）以作者姓名命名，如《孟浩然集》《李清照集》《陶渊明集》；（2）以官爵命名，如《王右丞集》（王维）、《杜工部集》（杜甫）；（3）以谥号命名，如《范文正公集》（范仲淹）、《欧阳文忠公集》（欧阳修）；（4）以书斋命名，如《七录斋集》（张溥）、《饮冰室合集》（梁启超）、《惜抱轩文集》（姚鼐）；（5）以作者字、号命名，如《李太白全集》（李白）、《文山先生全集》（文天祥）、《王子安集》（王勃）、《苏东坡全集》（苏轼）、《稼轩长短句》（辛弃疾）、《徐霞客游记》（徐宏祖）；（6）以居官地或居住地命名，如《樊川文集》（杜牧）、《贾长沙集》（贾谊）、《长江集》（贾岛）、《梦溪笔谈》（沈括）；（7）以出生地命名，如《临川先生文集》（王安石）、《柳河东集》（柳宗元）；（8）以帝王年号命名，如《白氏长庆集》（白居易）、《嘉祐集》（苏洵）。

● 史书编写方式

分纪传体、编年体、纪事本末体三种。（1）纪传体。是以人物为中心线索来编写的史书体裁，由司马迁首创，《二十四史》全是纪传体；（2）编年体。是按年、月、日先后顺序来记述史实的史书体裁，如《左传》《资治通鉴》；（3）纪事本末体。是以历史事件为中心线索来编写的史书体裁，这种体裁在南宋时才出现，如《通鉴纪事本末》《宋史纪事本末》。

● 古代刑罚

（1）黥刑：又叫"墨刑"，额颊上刺字涂墨；（2）劓刑：割鼻子；（3）笞刑：又叫"杖刑"，打板子（背、腿、臀）；（4）刖刑：将脚砍掉；（5）宫刑：又叫"腐刑"，去掉男子生殖器（司马迁受此刑）；（6）膑刑：剔去膝盖骨（孙膑受此刑）；（7）大辟：砍头；（8）炮烙：将人烧烤死；（9）车裂：又叫"五马分尸"（商鞅受此刑）；（10）汤镬：将人煮死；（11）腰斩：从腰部斩断；（12）凌迟：又叫"千刀万剐"；（13）弃市：暴尸街头。

● 三 皇

"三皇"之称，初见于《周礼·春官·外史》。其名传说不一，主要有以下几种说法：（1）燧人、伏羲、神农 （《尚书大传》）；（2）伏羲、女娲、神农 （《风俗通义》）；（3）伏羲、祝融、神农 （《风俗通义》）；（4）伏羲、神农、共工 （《风俗通义》）；（5）伏羲、神农、黄帝 （《古微书》）；（6）天皇、地皇、泰皇 （《史记》）；（7）天皇、地皇、人皇 （民间传说）。第五种说法由于《古微书》的影响力而得到推广，伏羲、神农、黄帝成为中国最古的三位帝王。

● 三　教

指儒、佛、道三家。三教在社会上的客观存在是三教概念出现的基础，不过三教概念的提出却是社会意识发展变化的结果。佛教的传入和道教的形成是在两汉之间，虽然佛教传来以后的中国宗教史是儒、道、佛三教的交织史，但是三教概念的出现和被社会广泛接受，却是在魏晋南北朝时率先由佛教表现出来的，三国之前的论著中是没有"三教"一词的。

● 三纲五常

儒家提出的一种维护封建等级制的理论，源于孔子，由汉朝的董仲舒正式提出，作为封建社会的最高道德原则和观念，两千多年来，一直影响着中国人的国民性。"三纲"是指"君为臣纲，父为子纲，夫为妻纲"，要求为臣、为子、为妻的必须绝对服从于君、父、夫，也要求君、父、夫为臣、子、妻做出表率，反映了封建社会中君臣、父子、夫妇之间的一种特殊的道德关系。"五常"即仁、义、礼、智、信，是用以调整、规范君臣、父子、兄弟、夫妇、朋友等人伦关系的行为准则。

● 三从四德

为适应父权制家庭稳定、维护父权——夫权家庭（族）利益需要，根据"内外有别""男尊女卑"的原则，由儒家礼教对妇女的一生在道德、行为、修养等进行的规范要求。"三从"出自《仪礼》，指"未嫁从父，既嫁从夫，夫死从子"；"四德"出自《周礼》，指"妇德、妇言、妇容、妇功"。

● 三姑六婆

原本指古代中国民间女性的几种职业，现代汉语中的"三姑六婆"常指社会上各式市井女性。"三姑"即佛教中的尼姑、道教中的道姑、专门占卦的卦姑。"六婆"即牙婆、媒婆、师婆、虔婆、药婆、稳婆。"六婆"中，牙婆是专职的人口贩子，专为人买卖奴婢、妾侍；媒婆是专为人介绍姻亲的女性；师婆是专门画符施咒、请神问命的巫婆；虔婆是妓院内的鸨母；药婆是专门卖药的女人；稳婆则是专门接生的接生婆，如果发现女尸，亦会由稳婆负责验查是否被人先奸后杀。"六婆"是各种专业的名称，有时一人可以身兼数职。关于"三姑六婆"的来历，最早可追溯到明朝。

● 四大发明

中国的四大古发明包括指南针、火药、活字印刷术和造纸术。中国新的四大发明是杂交水稻、汉字激光照排、人工合成牛胰岛素、复方蒿甲醚。

● 四大文明古国

世界古代历史上最早进入文明社会的四个国家，依顺序分别为古巴比伦、古埃及、古代中国、古印度，古埃及的诺姆文明是迄今所知世界上最早的文明。人类今天所拥有的哲学、科学、文学、艺术等方面的丰富知识，无不源于其古典文明。它们都是建立在容易生存的河川、台地附近，因而在北半球几乎相同纬度的尼罗河流域、两河流域、印度河流域以及黄河流域相继产生。它们在距今 7000 年至 4000 年前，相继由新石器时代进入青铜时代，步入铁器时代。社会制度都采用奴隶制。都有自己的神话传说，古埃及的法老自称"太阳神的儿子"，古巴比伦的汉谟拉比自称"月神的后裔"，中国的君主自称"天子"。都有自己的历法，一年都分 12 个月且有闰月。都创造了自己的文字。印度河、黄河、两河流域的文明都使用陶轮制陶，中国、埃及和两河流域都计算了圆周率，中国和巴比伦都发明了勾股定理，印度发明了阿拉伯数字。

● 战国四公子

战国末期，各诸侯国贵族养"士"（包括学士、策士、方士、术士以及食客）之风盛行。当时，以养"士"著称的，有齐国的孟尝君、赵国的平原君、魏国的信陵君和楚国的春申君，后人称他们为"战国四公子"。孟尝君名田文，封于尝邑，故称孟尝君；平原君姓赵名胜，是赵惠文王之弟，封于平原县，人称平原君，曾担任赵惠文王和孝成王的相国，三罢三提；信陵君名魏无忌，公元前 257 年，他设法窃得兵符，击杀将军晋鄙，夺取兵权，救赵胜秦；春申君名黄歇，因先祖受封于黄，其后乃以黄为姓。

● 江南四大才子

也称"吴门四才子",分别是:唐寅,字伯虎,又字子畏,别号六如居士、桃花庵主、鲁国唐生、逃禅仙吏等,有"江南第一风流才子"之称,苏州人,明朝著名书画家、文学家,为江南四大才子之首;祝允明,明朝书法家,号枝山,因右手多生一指,又自号枝指生;文徵明,"吴门画派"创始人之一;徐祯卿,明朝文学家,因"文章江左家家玉,烟月扬州树树花"之诗句而为人称誉。

● 楷书四大家

指唐朝的颜真卿、柳公权、欧阳询,元朝的赵孟 。

● 书法四体

中国书法习惯上分为"正草隶篆"四体。正书不仅指楷书,还指魏碑。草书则指以张旭、怀素等为代表的狂草,也指大草,还指比狂草规范一些的草书,称小草,以唐朝孙过庭的《书谱》为代表。另外,还有一种隶书的急写,称为章草。介于草正之间的则是行书。隶书产生于秦末汉初,开始主要用于抄写公文,以求简便,后来也用于书写碑刻与摩崖石刻。篆书则是甲骨文、钟鼎文、石鼓文及小篆的总称。

● 四大名扇

指杭州的檀香扇、苏州的绢扇、肇庆的牛骨扇、新会的葵扇。

● 四大名绣

指中国刺绣中的苏绣、湘绣、粤绣、蜀绣。刺绣,古称针绣,是用绣针引彩线,按设计的花纹在纺织品上刺绣运针,以绣迹构成花纹图案的一种工艺。"四大名绣"之称形成于19世纪中叶,它的产生除了本身的艺术特点外,另一个重要原因就是绣品商业化的结果。由于市场需求和刺绣产地的不同,刺绣工艺品作为一种商品开始形成各自的地方特色,其中江苏(苏)、四川(蜀)、广东(粤)、湖南(湘)四个地方的刺绣产品销路尤广,影响尤大,故有"四大名绣"之称。

● 四大美人图

分别是：（1）《昭君出塞》：西汉元帝时，宫女王昭君自愿"和亲"匈奴，她怀抱琵琶出塞，飞雁见之，竟从云端跌落，故称"落雁"；（2）《贵妃醉酒》：唐玄宗时贵妃杨玉环醉态之美，牡丹自愧而害羞，故称"羞花"；（3）《西施浣纱》：春秋末，越女西施浣纱时，游鱼见其美貌，而自沉江底，故称"沉鱼"；（4）《貂蝉拜月》：东汉末年，婢女貂蝉心忧天下，焚香拜月，明月见其妩媚而躲入云中，故称"闭月"。

● 四　御

指道教天界尊神中辅佐"三清"的四位尊神，所以又称"四辅"。他们的全称是：中天紫微北极大帝、南极长生大帝、勾陈上宫天皇大帝、承天效法后土皇地祇。

● 四大名桥

指赵州桥（河北）、洛阳桥（福建）、广济桥（广东）、霁虹桥（云南）。

● 四大名园

指颐和园（北京）、避暑山庄（河北承德）、拙政园（江苏苏州）、留园（江苏苏州）。

● 四大名刹

指灵岩寺（山东长清）、国清寺（浙江天台）、玉泉寺（湖北江陵）、栖霞寺（江苏南京）。

● 四大名楼

指岳阳楼（湖南岳阳）、黄鹤楼（湖北武汉）、滕王阁（江西南昌）、大观楼（云南昆明）。

四大名亭

指醉翁亭（安徽滁县）、陶然亭（北京先农坛）、爱晚亭（湖南长沙）、湖心亭（杭州西湖）。

● 四大名瓷窑

指瓷州窑（河北）、龙泉窑（浙江）、景德镇窑（江西）、德化窑（福建）。

● 四大古镇

指景德镇（江西）、佛山镇（广东）、汉口镇（湖北）、朱仙镇（河南）。

● 四大碑林

指西安碑林（陕西西安）、孔庙碑林（山东曲阜）、地震碑林（四川西昌）、南门碑林（台湾高雄）。

● 四大名塔

指嵩岳寺塔（河南登封嵩岳寺）、飞虹塔（山西洪洞广胜寺）、释迦塔（山西应县佛宫寺）、千寻塔（云南大理崇圣寺）。

● 四大佛教名山

指浙江普陀山（供奉观音菩萨）、山西五台山（供奉文殊菩萨）、四川峨嵋山（供奉普贤菩萨）、安徽九华山（供奉地藏菩萨）。

● 四大道教名山

指湖北武当山、江西龙虎山、安徽齐云山、四川青城山。

● 四大民间传说

指《牛郎织女》《孟姜女》《梁山伯与祝英台》《白蛇与许仙》。

● 四大文化遗产

指明清档案、殷墟甲骨、居延汉简、敦煌经卷。

● 晚清四大谴责小说

指李宝嘉的《官场现形记》、吴沃尧的《二十年目睹之怪现状》、刘鹗的《老残游记》、曾朴的《孽海花》。

● 五 伦

即五种人伦关系，古人以君臣、父子、夫妇、兄弟、朋友为"五伦"。《孟子·滕文公上》说："使契为司徒，教以人伦：父子有亲，君臣有义，夫妇有别，长幼有序，朋友有信。"孟子认为，父子之间有骨肉之亲，君臣之间有礼义之道，夫妻之间挚爱而又内外有别，老少之间有尊卑之序，朋友之间有诚信之德，这是处理人与人之间关系的道理和行为准则。

● 五 谷

古代所指的五种谷物。"五谷"在古代有多种不同说法，最主要的有两种：一种指稻、黍、稷、麦、菽；另一种指麻、黍、稷、麦、菽。两者的区别是：前者有稻无麻，后者有麻无稻。古代经济文化中心在黄河流域，稻的主要产地在南方，而北方种稻有限，所以"五谷"中最初无稻。

● 五 味

指酸、咸、甜（甘）、苦、辣（辛）五种味道，烹调上讲究"五味调和"。

● 五 更

中国古代把夜晚分成五个时段，用鼓打更报时，所以叫作五更、五鼓，或称五夜。如《孔雀东南飞》："仰头相向鸣，夜夜达五更。"《群英会蒋干中计》："伏枕听时，军中鼓打二更。"《李愬雪夜入蔡州》："四鼓，愬至城下，无一人知者。"《登泰山记》："戊申晦，五鼓，与子颖坐日观亭。"《与妻书》："辛未三月念六夜四鼓，意洞手书。"

● 五 帝

五帝有五说：（1）黄帝、颛顼、帝喾、尧、舜；（2）宓戏（伏羲）、神农、黄帝、尧、舜；（3）太昊、炎帝、黄帝、少昊、颛顼；（4）少昊、颛顼、帝喾、尧、舜；（5）黄帝、少昊、颛顼、喾、尧。其中第三种说法最为流行，意指东、西、南、北、中五个方位的天神，东方为太昊，南方为炎帝，西方为少昊，北方为颛顼，中央为黄帝。另一种解释是中国上古传说中的五位圣王，以第一种与第四种说法较为常见。

● 五 彩

五彩是黄、青、白、红和黑色，泛指各种颜色。在中国古代，这五种颜色从阴阳五行学说上讲，分别代表木、金、火、水、土，同时分别象征东、西、南、北、中，蕴涵着五方神力。

● 五 音

五音又称"五声"，是最古的音阶，仅用五音，即宫、商、角、徵、羽。"五声"一词最早出现于《周礼·春官》："皆文之以五声，宫商角徵羽。"而"五音"最早见于《孟子·离娄上》："不以六律，不能正五音。"

● 五代十国

唐朝灭亡之后，在中原地区相继出现了五个朝代和割据于西蜀、江南、岭南和河东的十几个政权，合称五代十国。五代是后梁、后唐、后晋、后汉、后周。除后梁一个短暂时期以及后唐以洛阳为都城外，后梁大部分时期和其他三代都以开封为首都。五代为期54年，有八姓称帝，共14个君主。后梁和后周的君主是汉族人，后唐、后晋、后汉的君主是沙陀族人，他们都建国于华北地区，疆土则以后梁最小，后唐最大。十国是前蜀、后蜀、吴、南唐、吴越、闽、楚、南汉、南平（荆南）、北汉。北汉建国于今山西境内，其余九国都在南方。十国与五代并存。

● 五 贡

清代科举制度中对五类贡生的总称，包括恩贡、拔贡、副贡、岁贡和优贡，这五类都是正途出身资格，另有捐纳取得的贡生，称为例贡。

● 五 岳

五岳是远古山神崇拜、五行观念和帝王巡猎封禅相结合的产物，后为道教所继承，被视为道教名山，分别是东岳泰山、西岳华山、南岳衡山、北岳恒山、中岳嵩山。古代帝王附会"五岳"为群神所居之地，在诸山举行封禅、祭祀盛典。"五岳"说始于汉武帝，五岳中的"岳"意即高峻的山，中国古人认为高山"峻极于天"，把位于中原地区的东、南、西、北方和中央的五座高山定为"五岳"。

● 五　岭

五岭由越城岭、都庞岭、萌渚岭、骑田岭、大庾岭五座山组成，地处广东、广西、湖南、江西、福建五省区交界处，是中国江南最大的横向构造带山脉，是长江和珠江两大流域的分水岭，长期以来，是天然屏障。五岭山脉阻碍了岭南地区与中原的交通与经济联系，使岭南地区的经济、文化远不及中原地区，被北方人称为"蛮夷之地"。自唐朝宰相张九龄在大庾岭开凿了梅关古道以后，五岭地区才得到逐步开发。古代的统治者总是利用五岭作为划分行政区界的地物标志，所以五岭也是诸省区的边缘。五岭山脉以南的地区称做岭南，主要是指广东、广西地区。

● 五　湖

近代一般以洞庭湖、鄱阳湖、太湖、巢湖、洪泽湖为"五湖"。古代的说法不同，在《地理通释十道山川考》中，五湖是指彭蠡、洞庭湖、巢湖、太湖、鉴湖，彭蠡即鄱阳湖，鉴湖到了清代被洪泽湖代替，而在《国语》《史记》中的"五湖"专指太湖或太湖及其附近的湖泊。

● 六大古都

指北京、南京、西安、洛阳、开封、杭州。（1）北京：战国时的燕，五代时的前燕，金、元、明、清各朝都先后定都于北京。民国初年，北京仍是首都，称为京师，1928年改称北平特别市，1949年成为中华人民共和国的首都；（2）南京：有"六朝古都"之称，计有十个朝代建都于此，又称"十朝都会"。公元229年，孙吴从武昌迁都南京（时称建业），南京建都自此开始，此后东晋与南朝的宋、齐、梁、陈及南唐均以南京为都（时称建邺、建康）。1368年，朱元璋称帝时改称南京。1853年，太平天国攻克南京，在此建都，称天京。辛亥革命后，1912年1月在此成立中华民国临时政府，改称南京；（3）西安：我国六大古都中建都朝代最多、帝都历史最长的古都，先后有西周、秦、西汉、新莽、西晋、前赵、前秦、后秦、西魏、北周、隋、唐13个王朝在西安建都，前后历时一千多年；（4）洛阳：九朝古都，东周、东汉、曹魏、武周、西晋、北魏、后梁、后唐、后晋都曾定都于洛阳。九朝以洛阳为都近千年，仅次于西安；（5）开封：七朝古都，公元前364年，魏惠王将都城从安邑（今山西省内）迁往开封（时称大梁），开封作为都城的历史开始。五代时期，后梁、后晋、后汉、后周先后均定都于此，历经40年。公元960年，赵匡胤建立宋朝，定都开封，长达168年之久，时称东京。以后，开封曾为金的都城，改名汴京，历时20年；（6）杭州：历史上吴越、南宋曾定都于此，称临安。公元589年，杭州之名首次在历史上出现。

● 六 朝

指中国历史上的六个朝代，其分类有两种说法，多数情况下取第一种说法，即中国南方的六个朝代。（1）东吴、东晋以及南朝的宋、齐、梁、陈：在建康（今南京）建都的六个朝代，因唐朝人许嵩在《建康实录》一书中记载了这六个朝代而得名；（2）曹魏、晋朝以及南朝的宋、齐、梁、陈：具有继承关系的曹魏、晋朝以及南朝的宋、齐、梁、陈六个朝代，因北宋的司马光撰写《资治通鉴》以此六朝作为正统编年纪事，后人将这六个朝代并称六朝。

● 六 部

指中国古代官制中的礼部、户部、吏部、兵部、刑部、工部。

● 六 历

指中国古代历法中的《黄帝历》《颛顼历》《夏历》《殷历》《周历》《鲁历》。

● 六 礼

古代的婚姻礼仪，指从议婚至完婚过程中的六种礼节。这一娶亲程式，周代即已确立，最早见于《礼记》，以后各代大多沿袭周礼，但名目和内容有所更动。（1）纳采：男方家请媒人去女方家提亲，女方家答应议婚后，男方家备礼前去求婚；（2）问名：男方家请媒人问女方的名字和出生年、月、日；（3）纳吉：男方家卜得吉兆后，备礼通知女方家，决定缔结婚姻；（4）纳征：亦称纳币，男方家以聘礼送给女方家；

（5）请期：男家择定婚期，备礼告知女方家，求其同意；（5）亲迎：新郎亲至女家迎娶。六礼始于奴隶社会，封建社会的婚姻程序虽几经变迁，但基本上没有脱离六礼的范围，通常与"三书"（聘书、礼书、迎亲书）合称"三书六礼"。

● 六　艺

中国古代儒家要求学生掌握的六种基本才能，即礼、乐、射、御、书、数，出自《周礼·保氏》："养国子以道，乃教之六艺：一曰五礼，二曰六乐，三曰五射，四曰五御，五曰六书，六曰九数。"（1）礼：礼节（即今德育），五礼即吉礼、凶礼、军礼、宾礼、嘉礼；（2）乐：音乐，六乐即云门、大咸、大韶、大夏、大镬、大武等古乐；（3）射：射箭技术，五射即白矢、参连、剡注、襄尺、井仪；（4）御：驾驭马车的技术，五御即鸣和鸾、逐水曲、过君表、舞交衢、逐禽左；（5）书：书法（书写、识字、文字），六书即象形、指事、会意、形声、转注、假借；（6）数：算法（计数），九数即九九乘法表，是古代学校的数学教材。

● 开门七件事

古代中国平民百姓每天为生活而奔波的七件事，已成为中国的谚语。从"开门"（即开始家庭一天正常运作之时或持家，以维持生计），就都离不开七种维持日常生活的必需品，分别是柴、米、油、盐、酱、醋、茶。在南宋时代吴自牧著《梦粱录》中提到八件事，所指的分别是柴、米、油、盐、酒、酱、醋、茶。由于酒算不上生活必需品，到元代时已被剔除，只余下"七件事"。一般认为，吴自牧是创"开门七件事"之人。

● 七大藏书楼

指文渊阁（北京）、文源阁（北京）、文津阁（河北承德）、文溯阁（辽宁沈阳）、文汇阁（江苏扬州）、文淙阁（江苏镇江）、文澜阁（浙江杭州）。

● 七情六欲

指人们与生俱来的一些心理反应。《礼记·礼运》说："喜、怒、哀、惧、爱、恶、欲七者弗学而能。"佛教的"七情"与儒家的"七情"大同小异，指"喜、怒、忧、惧、爱、憎、欲"七种情愫。《吕氏春秋·贵生》首先提出"六欲"的概念："所谓全生者，六欲皆得其宜者。"东汉的高诱对此作注："六欲，生、死、耳、目、口、鼻也。"可见六欲是泛指人的生理需求或欲望，后来有人把它概括为"见欲、听欲、香欲、味欲、触欲、意欲"六欲。但佛家经典《大智度论》的说法与此相去甚远，认为六欲是指"色欲、形貌欲、威仪姿态欲、言语音声欲、细滑欲、人想欲"，基本上把"六欲"定位于俗人对异性天生的六种欲望，也就是现代人常说的"情欲"，今天所用"七情六欲"一词，即套用佛典之"六欲"，泛指人之情绪、欲望等。

● 八　卦

我国古代的一套有象征意义的符号。用"▅"代表阳，用"▅▅"代表阴，用这两个符号，组成八种形式，叫作八卦。每一卦形代表一定的事物，乾代表天，坤代表地，坎代表水，离代表火，震代表雷，艮代表山，巽代表风，兑代表沼泽。八卦互相搭配又得到六十四卦，用来象征各种自然现象和人事现象，在《易经》里有详细的论述。八卦相传是伏羲所造，后来用于占卜，民间也用"三求平未，斗非半米"来记八卦符号。

● 八　仙

神话传说中的八位仙人，即铁拐李（李铁拐）、汉钟离（钟离汉）、张果老、何仙姑、蓝采和、吕洞宾、韩湘子、曹国舅。八仙故事多见于唐、宋、元、明的记载和杂剧中，姓名不固定，到明朝吴元泰作《八仙出处东游记传》才确定为以上八人。传说中八仙分别代表着男、女、老、少、富、贵、贫、贱，因为八仙均为凡人得道，所以个性与百姓较为接近，成为道教中相当重要的神仙代表，中国许多地方都有八仙宫，迎神赛会也都少不了八仙。

● 八　旗

八旗制度是清太祖努尔哈赤创建的一种耕战合一的社会组织形态，是军政合一的最高级单位，因为出征时用正黄、正白、正红、正蓝、镶黄、镶白、镶红、镶蓝八种颜色的军旗以示区别，所以称为"八旗"。

后来又将被满洲人征服的蒙古人、汉人编为蒙古八旗、汉八旗，连同满洲八旗，一共二十四旗，但其核心还是满洲八旗，满清入关后八旗军又分成禁旅八旗和驻防八旗。

● 十大名医

（1）针灸之祖——黄帝，现存《内经》系托名黄帝与歧伯、雷公等讨论医学的著作，此书对针刺的记载和论述特别详细；（2）脉学倡导者——扁鹊，战国人，《史记》推崇其为脉学倡导者；（3）外科之祖——华佗，东汉人，尤擅外科，使用麻沸散，施行腹部手术；（4）医圣——张仲景，东汉人，所作《伤寒杂病论》总结了汉朝三百多年的临床实践经验；（5）预防医学倡导者——葛洪，晋朝人，著有《肘后备急方》，书中最早记载一些传染病如天花、恙虫病症候及诊治，"天行发斑疮"是世界上最早有关天花的记载；（6）药王——孙思邈，唐朝人，唐太宗封他为"药王"；（7）儿科之祖——钱乙，宋朝人，著有《小儿药证直诀》；（8）法医之祖——宋慈，宋朝人，所著《洗冤集录》是世界上最早的法医文著；（9）药圣——李时珍，明朝人，历经27年著成《本草纲目》，所载药物共1 758种；（10）《医宗金鉴》总修官——吴谦，清朝人，《医宗金鉴》是清朝御制钦定的一部综合性医书，全书90卷，是我国综合性中医医书最完善的一种。

● 武庙十哲

"武庙"是指唐朝开元十九年，唐玄宗为表彰并祭祀历代名将所设置的庙宇，以周朝开国丞相、军师吕尚（即姜子牙）为主祭，以汉朝留侯张良为配享，并以历代名将十人从之。这十哲分别是：齐国大司马田穰苴；吴国大将军孙武；魏国西河太守吴起；燕国昌国君乐毅；秦国武安君白起；汉朝淮阴侯韩信；蜀汉国丞相、武乡侯诸葛亮；唐朝尚书右仆射、卫国公爵李靖；唐朝司空、英国公李世绩（即徐世绩）。

● 十大名茶

指西湖龙井（浙江）、碧螺春（江苏）、信阳毛尖（河南）、君山银针（湖南）、六安瓜片（安徽）、祁门红茶（安徽）、都匀毛尖（贵州）、铁观音（福建）、武夷岩茶（福建）。

● 十恶不赦

魏晋南北朝时期，历代都进行了法律、法典的编纂，而在这些法律、法典中，较有影响的是魏时的《魏律》，北朝时的《齐律》，后来所说的"十恶"最早出现在《齐律》中，当时称为"重罪十条"。"重罪十条"把这十条罪行称为"十恶"，并且规定绝不赦免，到了隋唐就正式形成了"十恶不赦"的说法，所以说隋唐时的"十恶不赦"出自《齐律》的"重罪十条"。它的主要内容有：（1）谋反，指企图推翻朝政，历来都被视为十恶之首；（2）谋大逆，指毁坏皇室的宗庙、陵墓和宫殿；（3）谋叛，指背叛朝廷；（4）恶逆，指殴打和谋杀祖父母、父母、伯叔等尊长；（5）不道，指杀一家非死罪三人及肢解人；（6）大不敬，指冒犯帝室尊严，通常为偷盗皇帝祭祀的器具和皇帝的日常用品，伪造御用药品以及误犯食禁；（7）不孝，指不孝祖父母、父母，或在守孝期间结婚、作乐等；（8）不睦，即谋杀某些亲属，或女子殴打、控告丈夫等；（9）不义，指官吏之间互相杀害，士卒杀长官，学生杀老师，女子闻丈夫死而不举哀或立即改嫁等；（10）内乱，指亲属之间通奸或强奸等。唐朝《永徽律》所列举的"十恶"与隋朝的相同。此后，除元朝将"十恶"改为"诸恶"之外，明、清两代均将"十恶"列入刑律名例篇。现今"十恶"多为泛指。

● 十二生肖

生肖本是用于纪年的一套符号，是古代天文历法的一部分，后来成为普遍被人们认同的生肖历法。中国汉族生肖中的十二种动物分别是子鼠、丑牛、寅虎、卯兔、辰龙、巳蛇、午马、未羊、申猴、酉鸡、戌狗、亥猪。生肖信仰中非常重要的一部分是中国人本命年的观念。一个人出生的那年是农历什么年，那么以后每到这一属相年便是此人的本命年，人生的本命年为12岁、24岁、36岁、48岁、60岁……民间认为本命年为凶年，需要趋吉避凶，消灾免祸。汉族北方各地每到本命年时，不论大人小孩儿都要买红腰带系上，称为"扎红"，小孩儿还要穿红背心、红裤衩，认为这样才能趋吉避凶、消灾免祸。

● 十三经

指在南宋形成的十三部儒家经典，分别是《诗经》《尚书》《周礼》

《仪礼》《礼记》《周易》《左传》《公羊传》《谷梁传》《论语》《尔雅》《孝经》《孟子》。十三经是由汉朝的五经逐渐发展而来的，最终形成于南宋。

● 十八罗汉

十八罗汉是指佛教传说中十八位永住世间、护持正法的阿罗汉，由十六罗汉加二尊者而来，他们都是历史人物，均为释迦牟尼的弟子。十六罗汉主要流行于唐代，至唐末出现十八罗汉，到宋朝盛行，分别是布袋罗汉、长眉罗汉、芭蕉罗汉、沉思罗汉、伏虎罗汉、过江罗汉、欢喜罗汉、降龙罗汉、郊游罗汉、举钵罗汉、开心罗汉、看门罗汉、骑象罗汉、探手罗汉、托塔罗汉、挖耳罗汉、笑狮罗汉、坐鹿罗汉。

● 二十四史

我国古代二十四部正史的总称，即《史记》（汉·司马迁）、《汉书》（汉·班固）、《后汉书》（南朝宋·范晔）、《三国志》（晋·陈寿）、《晋书》（唐·房玄龄等）、《宋书》（南朝梁·沈约）、《南齐书》（南朝梁·萧子显）、《梁书》（唐·姚思廉）、《陈书》（唐·姚思廉）、《魏书》（北齐·魏收）、《北齐书》（唐·李百药）、《周书》（唐·令狐德棻等）、《隋书》（唐·魏徵等）、《南史》（唐·李延寿）、《北史》（唐·李延寿）、《旧唐书》（后晋·刘昫等）、《新唐书》（宋·欧阳修、宋祁）、《旧五代史》（宋·薛居正等）、《新五代史》（宋·欧阳修）、《宋史》（元·脱脱等）、《辽史》（元·脱脱等）、《金史》（元·脱脱等）、《元史》（明·宋濂等）、《明史》（清·张廷玉等）。二十四史总共 3 249 卷，约有四千万字。记叙的时间，从第一部《史记》记叙传说中的黄帝起，到最后一部《明史》记叙到明崇祯十七年（公元1644年）止，前后历时四千多年，用统一的本纪、列传的纪传体编写。

● 二十四节气

古人根据太阳一年内的位置变化以及所引起的地面气候的演变次序，把一年三百六十五又四分之一的天数分成二十四段，分列在十二个月中，以反映四季、气温、物候等情况，这就是二十四节气。每月分为两段，月首叫"节气"，月中叫"中气"。二十四节气的名称和顺序为：正月——立春、雨水；二月——惊蛰、春分；三月——清明、谷雨；四月——立夏、小满；五月——芒种、夏至；六月——小暑、大暑；七月——立秋、处暑；八月——白露、秋分；九月——寒露、霜降；十月——立冬、小雪；十一月——大雪、冬至；十二月——小寒、大寒。为了便于记忆，人们编出了歌谣："春雨惊春清谷天，夏满芒夏暑相连，秋处露秋寒霜降，冬雪雪冬小大寒。"古诗文中常用二十四节气来记日，如《扬州慢》："淳熙丙申至日，予过维扬。"夏至白天最长，冬至白天最短，因而古人称夏至、冬至为至日，这里指冬至。

思　想

　　中国古代思想发端于百家争鸣，最终归流于儒家一枝独秀，几千年来左右了中国人的思维方式和生活方式，其影响流布于今。

● 诸子百家

　　诸子百家是对春秋战国时期各种学术派别的总称。诸子，指孔子、孟子、墨子、荀子、老子、庄子、列子、韩非子、商鞅、申不害、许行、告子、杨子、公孙龙、惠子、孙武、孙膑、张仪、苏秦、田骈、慎子、尹文、邹衍、晏子、吕不韦、管子、鬼谷子等；百家，指儒家、道家、墨家、法家等流派。

● 百家争鸣

　　春秋时期王室衰微，诸侯争霸，学者们便周游列国，为诸侯出谋划策，到战国时期形成百家争鸣的局面。传统上关于百家的划分，最早源于司马迁的父亲司马谈。他在《论六家要旨》中，将百家首次划分为阴阳家、儒家、墨家、名家、法家、道家等六家。后来，刘歆在《七略》中，又在司马谈划分的基础上，增纵横家、杂家、农家、小说家等为十家。班固在《汉书·艺文志》中承袭刘歆，并认为："诸子十家，其可观者九家而已。"后来，人们去掉"小说家"，将剩下的九家称为"九流"。自此，中国古代学术界都依从班固，百家就成为"九流"。今人吕思勉在《先秦学术概论》一书中再增兵家、医家，认为："故论先秦学术，实可分为阴阳、儒、墨、名、法、道、纵横、杂、农、小说、兵、医十二家也。"

● 儒　家

　　春秋战国时期由孔子创建的一个重要学派。儒家"祖述尧舜，宪章

（效法）文武"，崇尚道德教化，宣扬"仁义""忠恕"和"中庸之道"，政治上提倡德治、仁政和王道。孔子死后，儒家分化为八个流派，最重要的是孟子和荀子两派，都继承并改造了儒学。

● 道　家

春秋战国时期形成的一个以"道"为中心的学派，老子和庄周是道家的主要代表人物。以"道"说明宇宙的本质和构成。道家学说的内容以老庄的自然天道观为主，强调道法自然，天道无为，万物自然生化，政治上提倡"无为而治"。后来，道家又与名家、法家合流，兼采阴阳家、儒家等。

● 墨　家

战国时期与儒家相对立的一个重要学派，创始人是墨翟，故称墨家。主张兼爱、尚贤、节葬、节用、非攻、非命，强调功利，与儒家学说展开了争论，提出了"三表""取实予名"的认识论观点，具有注重经验的朴素唯物主义思想。

● 法　家

春秋战国时期百家争鸣中主张法治的一个学派。主张重农抑商，奖励耕战，富国强兵；强化君主专制，以严刑峻法进行统治；强调"不别亲疏，不殊贵贱，一断于法"，反对"礼治"。其思想渊源可以上溯到春秋时的管仲、子产，而实际上始祖当推李悝。韩非子之前，法家分为三派。一派以慎到为首，主张在政治与治国方术之中，"势"（即权力与威势）最为重要；一派以申不害为首，强调"术"，即政治权术；一派以商鞅为首，强调"法"，即法律与规章制度。韩非子则认为，"不可一无，皆帝王之具也"。明君如天，执法公正，是为"法"；君王驾驭人时，神出鬼没，令人无法捉摸，是为"术"；君王拥有威严，令出如山，是为"势"。

● 名　家

春秋战国时期百家争鸣中的一个学派，注重辩论和考察名、实（概念和事实）的关系问题。这个学派当时被称为辩者、察士或刑名家，邓析、惠施和公孙龙是其主要代表。作为一个思想流派而言的名家，其思想与现代汉语所说的名家是不同的。此"名"非有名、出名之意，而是指事物的名称、概念。名家后来没有继承人，一般在谈到先秦诸子的时候，甚至还有可能忽略它。首先正式提出"名家"这个说法的，是西汉的司马谈，他在《论六家要旨》中，把先秦诸子学分成六个学派，其中就有名家。

● 阴阳家

战国时期提倡阴阳五行说的一个学派，代表人物有公梼生、公孙发、南公等，以战国末齐国人邹衍最为著名。"阴阳"的概念，最早见于《易经》，"五行"的概念最早见于《尚书》，但两种观念的产生，可以追溯到更久远的年代。到战国时代，阴阳和五行渐渐合流，形成一种新的观念模式，便是以"阴阳消息，五行转移"为理论基础的宇宙观。阴阳家因提倡阴阳五行学说，并用它解释社会人事而得名。这一学派，源于上古执掌天文历数的统治阶层，也称"阴阳五行学派"或"阴阳五行家"。

● 中　庸

儒家伦理思想。中庸的中心思想是儒学中的中庸之道，它的主要内容并非当代人所普遍理解的中立、平庸，其主旨在于修养人性。其中包括学习的方式：博学之，审问之，慎思之，明辨之，笃行之；也包括儒家做人的规范如"五达道"（君臣也，父子也，夫妇也，兄弟也，朋友之交也）和"三达德"（智、仁、勇）等。中庸所追求的修养的最高境界是至诚或称至德。中庸之道是教育人们自觉地进行自我修养、自我监督、自我教育、自我完善，把自己培养成为具有理想人格，达到至善、至仁、至诚、至道、至德、至圣，合外内之道的理想人物，共创"致中和天地位焉万物育焉"的"太平和合"境界，这一思想主要体现在《中庸》第一章。

● 无　为

无为是《道德经》中的重要概念。道教以"道"为基本信仰，认为"道"是无为的，因此无为便成为道教徒对自然界的运行和人类社会发展的基本认识，以及人的安身立命的基本态度。《道德经》中有十二处提到无为，第三章称"为无为，则无不治"。无为是顺应自然、不妄为的意思。道家的无为，并非不求有所作为，只是指凡事要"顺天之时，随地之性，因人之心"，而不要违反"天时、地性、人心"，不要凭主观愿望和想象行事。《庄子》则将无为推至帝王、圣人的治世中，认为"虚静恬淡、寂寞无为者，天地之平而道德之至也。故帝王圣人休矣"，不过帝王应该"以无为为常"，而臣下却是要"有为"的。另外，《庄子》又认为养神之道，贵在无为。

● 道

中国古代哲学的重要范畴，用以说明世界的本原、本体、规律或原理。在不同的哲学体系中，其含义有所不同。老子所说的"道"，是宇宙的本原和普遍规律，老子所写的《道德经》是关于"道"的经典著作；孔子所说的"道"，是"中庸之道"，是一种方法；佛家所说的"道"，是"中道"，所述道理，不堕极端，脱离两边，即为中道，是佛家的最高真理。

● 太 极

"太极"一词最早见于《易传·系辞上》，以后这一概念影响了儒学、道教等中华文化流派。太极逐步被理解成阐明宇宙从无极而太极，以至万物化生的过程。其中的太极即为天地未开、混沌未分阴阳之前的状态，两仪即为太极的阴、阳二仪。《系辞》中说："两仪生四象，四象生八卦。"其意指浩瀚宇宙间的一切事物和现象都包含着阴和阳以及表与里的两面。而它们之间是既互相对立斗争又相互依存的关系，这就是物质世界的一般律，是众多事物的纲领和由来，也是事物产生与毁灭的根由所在。天地之道，以阴阳二气造化万物。天地、日月、雷电、风雨、四时、子前午后以及雄雌、刚柔、动静、显敛，万事万物，无不分阴阳。人生之理，以阴阳二气长养百骸。经络、骨肉、腹背、五脏、六腑乃至七损八益，一身之内，莫不合阴阳之理。这一理论建立至今有两三千年，仍在为人们描述万象。

● 气

构成天地万物的始基物质。"气"的概念起源较早，春秋之前就有"天地之气""天有六气"的说法。战国时开始出现把气视为构成万物的原始材料的思想。《老子》把"气"纳入哲学范畴，《管子》提出了"精气说"，以精气为构成万物的基本元素，汉初又提出了"元气论"的宇宙论。

● 五行说

五行观念在西周时已经产生，它以日常生活的五种物质金、木、水、火、土元素作为构成宇宙万物及各种自然现象变化的基础。这五类物质各有不同属性，如木有生长发育之性；火有炎热、向上之性；土有和平、存实之性；金有肃杀、收敛之性；水有寒凉、滋润之性。五行说把自然界一切事物的性质纳入这五大类的范畴。五种元素在天上形成五星，即金星、木星、水星、火星、土星，在地上就是金、木、水、火、土五种物质，在人就是仁、义、礼、智、信五种德性。古代人认为这五类物质在天地之间形成串联，如果天上的木星有了变化，地上的木类和人的仁心都随之产生变异，占星术就是以这种天、地、人三界相互影响为理论基础衍生而来的。

● 阴阳说

以阴阳两种对立的气或两种对立的事物说明世界的形成及其变化的学说。阴阳说早在夏朝就已形成，它认为阴阳两种相对立的气是天地万物的源泉。阴阳相合，万物生长，在天形成风、云、雷、雨各种自然气象，在地形成河海、山川等大地形体，在方位则是东、西、南、北四方，在气候则为春、夏、秋、冬四季。

● 道器观

中国哲学史上长期争论的一个重要问题。"道"与"器"作为中国哲学特别是儒家哲学的一对重要范畴，涉及中国哲学中一个非常重要的问题，即"形而上"与"形而下"的问题。《易传·系辞上》中说："形而上者谓之道，形而下者谓之器。"在这里，非物体的、形而上的称之为"道"，物体的、形而下的叫作"器"。在春秋战国时期，先秦诸子百家，几乎无一例外地对"器"持否定的态度。孔子说过："君子不器。"（《论语·为政》）"君子不器"并非说是要使君子成为完全没用或全能的人，而是首先成为道德独立、具有完全人格的人，而不是使人成为仅仅具有某种专门技能的人，如果一个人过多地追求某种技能，那么就不可避免地妨碍他的道德追求。"重道轻器"的思想在中国古代长期占统治地位，基本上反映了中国古代重道德、轻科技的社会性质。

● 天人合一

指天道与人道、自然与人为相通、相类和统一。天人合一的思想观念最早由庄子阐述，后被汉代思想家、阴阳家董仲舒发展为天人合一的哲学思想体系，并由此构建了中国传统文化的主体。天人合一有两层意思：一是天人一致，宇宙自然是大天地，人则是一个小天地；二是天人相应，或天人相通，是说人和自然在本质上是相通的，所以一切人事均应顺乎自然规律，达到人与自然和谐。

● 天人之分

肯定天与人的区别，自然与人类社会各有其规律或准则的观点。战国的荀子在《天论》中首先明确提出："明与天人之分，则可谓至人矣。"认为自然界有自己的运行规律，不会因为人而存亡，与人类社会的疾病、灾难没有必然的联系，也不会主宰人的命运，并且强调人能认识和利用自然，"制天命而用之"。

● 玄　学

对《老子》《庄子》和《周易》的研究和解说，产生于魏晋，是道家和儒家融合而出现的一种哲学、文化思潮。其主要的思想基础和学术要旨是对道家的表达，可以说玄学是道家的一个分支或改进。"玄"字出自老子《道德经》"玄之又玄，众妙之门"，意思是幽深微妙。东汉末至两晋是两百多年的乱世，统治思想界近四百年的正统儒家名教之学也开始失去魅力，士大夫对两汉经学的烦琐及三纲五常的陈词滥调普遍感到厌倦，于是转而寻找新的、形而上的哲学论辩。魏晋之际，玄学含义是指立言与行事两个方面，并多以立言玄妙、行事雅远为玄远旷达。"玄远"，指远离具体事物，专门讨论"超言绝象"的本体论问题。因此，浮虚、玄虚、玄远之学可通称为玄学。玄学家大多是当时的名士，主要代表人物有何晏、王弼、阮籍、嵇康、向秀、郭象等。玄学是在汉代儒学（经学）衰落的基础上，为弥补儒学之不足而产生的，是由汉朝道家思想、黄老之学演变发展而来的。

● 贵无论

魏晋时期一种以"无"为世界本体的哲学思想，与"崇有论"相对，主要代表人物是何晏、王弼。发挥了《老子》"有生于无"的客观唯心主义思想，认为天地万物皆以"无"为本。王弼把有形有名的具体事物称为"有"，把无形无名的抽象本体称为"无"。以无为本的思想表现于人类的社会制度和国家的治理、礼仪制度甚至仁义原则，都是"有"，因为它们都要以一定的方式表现出来，而产生礼仪制度的东西、仁义背后的东西，都是"无"，这个"无"就是人心，特别指制定礼仪、规定仁义原则的圣人和贤者的心。

● 崇有论

魏晋时期一种以"有"为世界本体的哲学思想，与"贵无论"相对，主要代表人物是西晋的裴　，著有《崇有论》。认为世界上一切有形有象的具体存在物，即所谓"有"，就是各自存在的本体，而整个世界即由万有本身组成。提出"有"是绝对的，是运动变化的，万有生自己，以有为本体。从肯定"有"，即肯定事物的客观存在中，论证了"长幼之序""贵贱之级"的绝对必要。崇有论打击了"贵无论"的社会影响，在一定程度上维护了正统儒家思想。

● 形质神用

南朝齐梁无神论者范缜提出的一个命题，用以说明形神关系。范缜用形神关系对佛教信仰者的"神不灭论"作了批判。他在《神灭论》中系统地阐明了形、神二者不可分离的关系，明确肯定："形者神之质，神者形之用；是则形称其质，神言其用；形之与神，不得相异。"质，是指形质、实体；用，是讲功用、作用，包含派生或从生的意思。范缜用质和用这对范畴，说明形体和精神不是两个不同东西的拼凑或组合，而是一个统一体的两方面；二者不是并列的，精神作用从属于物质形体。因此，人的形体死亡了，其精神作用也就必然随之消灭，精神绝不可能脱离形体而独立存在。形质神用的思想肯定了物质的形体是第一性的，精神的作用是第二性的，坚持了唯物主义的一元论。

● 天理人欲

"天理"和"人欲"的合称，简称"理欲"，首见于汉初人所作的《乐记》中，到宋朝有所谓理欲之辩，天理、人欲遂成为两个很重要的哲学范畴。宋朝道学中的理欲之辩，发端于张载，成立于"二程"，至朱熹而大成。宋朝理学家程颐、朱熹等人所理解的"天理"，实质上即形而上的封建伦理纲常；"人欲"，是指人们的生活欲望或物质利益要求。理学家们把"天理"与"人欲"对立起来，强调"不出于理则出于欲，不出于欲则出于理"，要求人们放弃生活欲望，绝对遵守封建伦理教条，甚至鼓吹妇女"饿死事极小，失节事极大"。南宋时的陈亮、叶适等开始反对理学思潮，明清之际，王夫之、戴震等人更指出"天理"是离不开人欲、人情的，并控诉了道学家们"以理杀人"的罪状。

● 程朱理学

亦称程朱道学，是宋明理学的主要派别之一，也是理学各派中对后世影响最大的学派之一。由北宋二程（程颢、程颐兄弟）创立，其间经过弟子杨时，再传罗从彦，三传李侗，到南宋朱熹完成。从广义上说，它也包括由朱熹所摄入的北宋"五子"（周敦颐、邵雍、张载、"二程"）的学说，并延伸到朱熹的弟子、后学及整个程朱的信奉者的思想。由于朱熹是这一派的最大代表，这一学派又简称为朱子学。程朱理学是儒学发展的重要阶段，适应了封建社会从前期向后期发展的转变和封建专制主义进一步增强的需要，程朱理学以儒学为宗，吸收佛、道，将天理、仁政、人伦、人欲内在地统一起来，使儒学走向政治哲学化，为封建等级特权的统治提供了更为精细的理论指导，适应了增强思想上专制的需要，深得统治者的欢心，成为南宋之后的官学。

● 陆王心学

以南宋陆九渊、明朝王守仁（号阳明）为代表的哲学思潮。南宋时期，理学家陆九渊把"心"作为宇宙万物的本原，提出"心"就是"理"的主张，强调"宇宙便是吾心，吾心便是真理"，认为天地万物都在心中，所以他的学说被称为"心学"。他认为穷理不必向外探求，只需反省内心就可得到天理。陆九渊与朱熹曾进行过多次辩论，辩论的范围涉及理学的所有核心问题，辩论的影响也涉及当时的多个学派。朱陆之辩，以及后学就此展开的朱陆异同之辩，绵延至今达八百余年而不绝，而且随着理学的传播扩展到日本和古代的朝鲜。王阳明，是心学的集大成者，阳明心学既是对象山心学的继承和发扬，也是对朱陆学说的综合。

● 知行合一

明朝王守仁（号阳明）关于知行关系的命题，与程朱学派的"知先行后"说对立。认为"知是行的主意，行是知的工夫。知是行之始，行是知之成"。行是知的基础、知的目的，知是行的主导，是达到行的手段。知与行只是一个过程的两方面，切实用力的方面叫作行，认识理解的方面叫作知，两者不可分离。

● 能必副所

明清之际著名唯物主义哲学家王夫之提出的一个重要命题，用以说明认识主体与客体的关系。"能"即能知，指主体的认识作用；"所"即所知，指客观的认识对象。能所范畴本是佛教用语，王夫之对其进行了改造，他认为"所不在内"而"能不在外"，承认"能"因"所"的刺激而被激发，而"能"可以达到对"所"的认识，坚持了"所"的客观实在性。

● 孔　子

名丘，字仲尼，春秋时期鲁国人，中国古代伟大的教育家、政治家和思想家，儒家学派创始人，世界最著名的文化名人之一。据有关记载，孔子出生于鲁国陬邑昌平乡（今山东省曲阜市东南的南辛镇鲁源村）。孔子逝世时，享年73岁，葬于曲阜城北泗水之上，即今日孔林所在地。孔子的言行思想主要载于语录体散文集《论语》及先秦和秦汉保存下来的典籍中。

● 孟　子

名轲，字子舆，鲁国邹城（今山东邹县）人，中国古代著名思想家，战国时期儒家代表人物，著有《孟子》一书。他继承并发扬了孔子的思想，成为仅次于孔子的一代儒家宗师，有"亚圣"之称，与孔子合称为"孔孟"。孟子三岁丧父，孟母艰辛地将他抚养成人，孟母管束甚严，"孟母三迁""孟母断织"等故事成为千古美谈，是后世母教之典范。《孟子》一书是孟子的言论汇编，由孟子及其弟子共同编写而成，记录了孟子的语言、政治观点（仁政、王霸之辩、民本、格君心之非）和政治行动。

● 墨　子

名翟，春秋时鲁国（今山东滕州）人，著名思想家、教育家、军事家，墨家学派的创始人，创立墨家学说。有《墨子》一书传世，主要内容有兼爱、非攻、尚贤、尚同、节用、节葬、非乐、天志、明鬼、非命等十项，以兼爱为核心，以节用、尚贤为支点。墨学在当时影响很大，与儒家并称"显学"。墨子死后，墨家分为相里氏之墨、相夫氏之墨、邓陵氏之墨三个学派。墨子精通手工技艺，可与当时的巧匠鲁班相比，他自称是"鄙人"，被人称为"布衣之士"。

● 老　子

字伯阳，又称老聃，后人称其为"老子"，安徽亳州人，其后人仍生活在亳州，中国古代伟大的哲学家和思想家，道家学派创始人。相传他母亲怀了81天身孕，从腋下将他产出，老子一生下来就是白眉白胡子，所以被称为"老子"。老子生活在春秋时期，曾在周国都洛邑（今安徽涡阳）任藏室史（相当于国家图书馆馆长）。他博学多才，孔子周游列国时曾到洛邑向老子问礼。相传老子晚年乘青牛西去，在函谷关（位于今河南灵宝）写成了五千言的《道德经》（又称《道德真经》，或直称《老子》《老子五千文》）。在道教中，老子是太上老君的第十八个化身。

● 庄　子

名周，字子休（一说子沐），后人称之为"南华真人"，战国时期宋国蒙人，著名思想家、哲学家、文学家，是道家学派的代表人物，老子哲学思想的继承者和发展者。他的学说涵盖当时社会生活的方方面面，但根本精神还是归依于老子的哲学，后世将他与老子并称为"老庄"，他们的学说称为"老庄哲学"。庄周和他的门人著有《庄子》（被道教奉为《南华真经》），是道家经典之一，《庄子》在哲学、文学上都有较高研究价值，名篇有《逍遥游》《齐物论》《养生主》等，《养生主》中的《庖丁解牛》尤为后世传诵。

● 荀　子

名况，字卿，避西汉宣帝刘询讳，因"荀"与"孙"二字古音相通，故又称孙卿。战国时期赵国猗氏（今山西安泽）人，著名思想家、文学家、政治家，儒家代表人物之一，时人尊称"荀卿"。曾三次任齐国稷下学宫的祭酒，后为楚兰陵（今山东兰陵）令。荀子对儒家思想有所发展，提倡"性恶论"，常被与孟子的"性善论"比较。孔子的中心思想为"仁"，孟子的中心思想为"义"，荀子继二人之后提出"礼"，重视社会上人们行为的规范。著有《荀子》一书，其中较著名的是《劝学篇》。

● 韩 非

战国时韩国（今河南省新郑）人，著名哲学家、思想家、政论家和散文家，法家思想的集大成者，后世称"韩子"或"韩非子"。韩非口吃，不善言谈，而善于著述。韩非与李斯同是荀卿的学生，他博学多能，才学超人，思维敏捷，李斯自以为不如。韩非死后，后人搜集其遗著，并加入他人论述韩非学说的文章编成《韩非子》一书，重点宣扬了韩非将法、术、势相结合的法治理论，达到了先秦法家理论的最高峰，为秦统一六国提供了理论武器，也为以后的封建专制制度提供了理论根据。《韩非子》书中记载了大量脍炙人口的寓言故事，最著名的有"自相矛盾""守株待兔""讳疾忌医""滥竽充数""老马识途"等。

● 董仲舒

西汉思想家、政治家，广川（今河北衡水）人。汉景帝时任博士，讲授《公羊春秋》。汉武帝元光元年（公元前134年），汉武帝下诏征求治国方略。儒生董仲舒在著名的《举贤良对策》中系统地提出了"天人感应""大一统"学说和"罢黜百家，独尊儒术"的主张。董仲舒认为，"道之大原出于天"，自然、人事都受制于天命，因此反映天命的政治秩序和政治思想都应该是统一的。他把儒家的伦理思想概括为"三纲五常"。汉武帝采纳了董仲舒的建议，儒学开始成为官方哲学，并延续至今。

● 汉世三杰

指东汉三位著名思想家：王充、王符、仲长统。王符，字节信，著有《潜夫论》，对东汉前期各种社会弊端进行了抨击。仲长统，字公理，著有《昌言》，对东汉后期的社会百病进行了剖析。王充则著《论衡》一书，对当时社会的许多学术问题，特别是社会的颓风陋俗进行了针砭，许多观点鞭辟入里，石破天惊。《论衡》也可以说是我国古代的一部"百科全书"。就物理学来说，王充对运动、力、热、静电、磁、雷电、声等现象都有观察，书中记载了他的观点。他还解释了人与自然的关系。王充把人的发声比喻为鱼引起水的波动，把声的传播比喻为水波的传播。他的看法与今天声学的结论是一致的：声是物体振动产生的，声要靠一定的物质来传播。欧洲人波义耳认识到空气是传播声音的媒介，是17世纪的事，比王充晚了1600年。范晔的《后汉书》将三人立为合传，后世学者誉之为"汉世三杰"。三家中，王充的年辈最长，著作最早，在许多观点上，对后两家的影响是十分明显的。

● 葛 洪

字稚川，自号抱朴子，晋丹阳郡句容（今江苏句容县）人，东晋道教学者、著名炼丹家、医药学家，世称"小仙翁"，曾受封为关内侯，后隐居罗浮山炼丹，著有《神仙传》《抱朴子》《肘后备急方》《西京杂记》等。葛洪继承并改造了早期道教的神仙理论，在《抱朴子·内篇》中，不仅全面总结了晋以前的神仙理论，而且系统总结了晋以前的神仙方术，包括守一、行气、导引和房中术等。又将神仙方术与儒家的纲常名教相结合，强调"欲求仙者，要当以忠孝和顺仁信为本。若德行不修，而但务方术，皆不得长生也"，并把这种纲常名教与道教的戒律融为一体，要求信徒严格遵守。

● 顾炎武

原名绛，字忠清，明亡后改名炎武，尊称为亭林先生，苏州府昆山县（今江苏昆山）人，明末清初著名的思想家、史学家、语言学家。曾参加抗清斗争，后来致力于学术研究，晚年侧重经学的考证，考订古音，分古韵为10部，著有《日知录》《音学五书》等。顾炎武反对玄学，强调客观地调查研究，开一代之新风，提出："君子为学，以明道也，以救世也。徒以诗文而已，所谓雕虫篆刻，亦何益哉？"顾炎武强调做学问必须先立人格，即"礼义廉耻，是谓四维"，提倡"天下兴亡，匹夫有责"。（《日知录》卷十三《正始》载："保天下者，匹夫之贱，与有责焉耳矣。"）

宗　教

中国的宗教兼容并蓄，在海纳百川的过程中，儒、释、道并存的局面渐成。

● 中国佛教

佛教大约在公元1世纪前后传入中国，公元4世纪后开始广为流传，逐渐成为在中国影响最大的宗教。中国的佛教由三大语系构成，即汉语系佛教、藏语系佛教、巴利语系佛教（又称南传佛教），这三大语系的出家僧侣有20万人。目前中国有开放的佛教寺院13 000多座，有佛教院校33所，有佛教类出版刊物近50种。

● 禅　宗

禅，是禅那（巴利文Jhāna，梵文dhyāna）的简称，汉译为静虑，是静中思虑的意思，一般叫作禅定。此法是将心专注在一法境上一心参究，以期证悟本自心性，这叫参禅，所以此派名为禅宗。禅的种类很多，有声闻禅、菩萨禅、次第禅、顿超禅等。禅宗是中国佛教宗派之一，以禅定作为佛教全部修习而得名。用参究方法彻见本有佛性为宗旨，亦称"佛心宗"。相传为菩提达摩（南朝宋末人）创立，下传慧可、僧璨、道信；至五祖弘忍而分成北宗神秀、南宗慧能，时称"南能北秀"。北宗主张"佛尘看净"的渐修，数传后即衰微；南宗传承很广，成为禅宗正统，以《楞伽经》《金刚经》《大乘起信论》为主要教义，代表作为《六祖坛经》。

● 道　教

道教是中国土生土长的宗教，开始于公元2世纪，至今已有一千八百多年的历史。道教承袭中国古代的自然崇拜和祖先崇拜，历史上教派很多，后来逐渐演变为全真道和正一道两大教派，在汉族中有一定影响。由于道教没有严格的入教仪式和规定，信教人数难以统计。中国现有道教宫观一千五百余座，乾道、坤道（指在道观的男、女道士）两万多人。

● 伊斯兰教

伊斯兰教于公元7世纪传入中国。中国的回族、维吾尔族、塔塔尔族、柯尔克孜族、哈萨克族、乌孜别克族、东乡族、撒拉族、保安族等少数民族一千八百多万人口中，绝大多数信仰伊斯兰教。信徒称为"穆斯林"，大多数聚居在新疆维吾尔自治区、宁夏回族自治区，以及甘肃、青海、云南等省，其他各省、市也有分布。

● 天主教

天主教自公元7世纪起几度传入中国，1840年鸦片战争后大规模传入。目前中国天主教会有100个教区，教徒近五百万人，开放的教堂、会所近五千处，开办神哲学院12所。近二十多年来，中国天主教会培养、祝圣的年轻神甫有一千五百多位，其中已有一百多名青年神甫被教会派往海外深造。另外，中国天主教会已有发初愿的青年修女三千多位，有二百多位修女发了终身愿。中国天主教每年约有五万余人领洗，共印刷《圣经》三百多万册。

● 基督教

基督教于公元19世纪初传入中国，并在鸦片战争后大规模传入。1950年，基督教开展了"三自"运动，号召基督教界肃清帝国主义的影响，培养爱国主义精神，为实现中国基督教自治、自养、自传而努力。中国现有基督徒约1000万人，教、牧传道人员1.8万余人，教堂1.2万余座，简易活动场所（聚会点）2.5万余处。

● 阿弥陀佛

其名号梵音为 Amitāyus（无量寿）、Amitābha（无量光），别名无量寿佛、无量光佛、观自在王佛、甘露王，密号为清静。他是西方极乐世界的教主，与观音菩萨、大势至菩萨合称"西方三圣"。据记载，在很古的时候，他原是世自在王佛时的法藏比丘，受到世自在王佛的教化，自愿成就一个尽善尽美的佛国（极乐净土），并要以最善巧的方法来度化众生，发了48个誓愿，因此成就了他成佛的愿望，而成为阿弥陀佛，现在仍在弥陀的西方净土说经法，据说遇到他大慈光的人，能够避免一切痛苦。记载阿弥陀佛故事的经典，早在东汉即有翻译。六朝时强调往生极乐世界的思想，就是建立在阿弥陀佛信仰上，并逐渐形成后来的净土宗。随着净土宗在中国的普及，阿弥陀佛成为最流行的佛陀，甚至"阿弥陀佛"四字成为一般中国佛教徒间的相互问候语。

● 南无阿弥陀佛

"南无"，是梵文 Namas 的音译，读为那谟，也译为"南谟""那谟"等，意为致敬、归敬、归命。是佛教信徒一心归顺于佛的用语，常用来加在佛、菩萨的名称或经典题名之前，表示对佛、法的尊敬和虔信，如南无喝罗、南无三宝等。阿弥陀佛是佛的名字，名字来源于梵语音译，"阿弥陀"在梵语中为"无量"或者"无穷大"的意思，"南无"为梵语"皈依"的意思。快要死的人念"南无阿弥陀佛"，灵魂将会去往极乐世界，它的意思是"无量光""无量寿"等意思，是指阿弥陀佛的智慧、慈悲、神通无量无边。

● 四大菩萨

菩萨是古代印度语的译音，意思是大士，即是指发大心愿的人，地位仅次于佛，而高于罗汉。观世音、文殊、普贤、地藏合称佛教的四大菩萨。四大菩萨各司其职。文殊菩萨：在大乘佛教中，他是众菩萨之首，是智慧的化身，经常协同释迦牟尼佛宣说佛法，释迦牟尼佛说法四十九年中，凡是大乘法会，皆有文殊参加。所以文殊菩萨是掌管学业的。普贤菩萨：即普遍贤善的意思。他和文殊菩萨一起，作为释迦牟尼佛的协侍菩萨，象征真理（普贤），普贤菩萨掌管一切诸佛的理德、行德，代表"德"与"行"。地藏菩萨：此菩萨"安忍不动犹如大地，静虑深密犹如秘藏"，所以称为地藏，是冥府掌管者，民间传说农历七月三十日是其生日。观音菩萨：观音于东亚在四大菩萨中名气最大，掌管慈悲门。

● 千手千眼观音

观音菩萨的变化身，又叫大悲观音、千眼千臂观音、千手圣观自在、千臂观音、千光观自在等。据说观音菩萨为体悯生苦，大发慈悲，誓要度尽众生，若愿不能偿，自己的头便裂十份，身体分解为千份。茫茫世界，芸芸众生，照应极难，于是他将身躯化为四十二段，每段化为一尊观音，仍穷于应付。此时阿弥陀佛前来告诫，说观音不应残害身体，应以扩大法力实现宏愿，并施法将观音四十二段合为一体，除原有两臂，留四十手臂，每臂手掌现一眼，表示一个身及二十五"有"（"有"代表因果），二十五乘四十即一千，故名。

● 关圣帝君

关圣帝君，即三国时代蜀汉的大将关羽。民间宗教信仰自汉朝以来，渐渐融合儒、释、道三教而为一的民间信仰。然而民间所信仰的神明，大多数可分出其所属的系统，如妈祖属于道教，孔子属于儒教，观音属于佛教，神明的界限相当清楚。但是，关圣帝君乃儒、释、道三教均尊其为神灵者，民间祭祀关公，经过一千七百多年的演变，关公早已脱离《三国志》里的关羽，而成为具有多元化的神明：在儒家中称为关圣帝君外，另有文衡帝君之尊称。佛教以其忠义足可护法，并传说他曾显圣玉泉山，皈依佛门，因此，尊他为护法伽蓝神、盖天古佛。由于历代封号不同，有协天大帝、翔汉天神、武圣帝君、关帝爷、武安尊王、恩主公、三界伏魔大帝、山西夫子、帝君爷、关壮缪、文衡圣帝、崇富兵君等，民间则俗称恩主公。

● 不二法门

在佛教中，对事物认识的规范，称之为法；修有得道的圣人都是这里证悟的，又称之为门。佛教有八万四千法门，不二法门是最高境界。入得此门，便进入了佛教的圣境，可以直见圣道，也就是达到了超越生死的涅槃境界。从佛教哲学观来看，"不二"即是"非此非彼又即此即彼""众生平等""自他平等""心佛平等"等，是佛教认知世界万事万物的方法与观念，演绎阐述的是世间万物本质与表象的关系。今之俗语多援引佛教"不二法门"一语，指学习某种学问、技术独一无二之方法。

● 涅　槃

佛教教义，其为音译，意译为灭、灭度、寂灭、安乐、无为、不生、解脱、圆寂。涅槃原意是火的熄灭或风的吹散状态，佛教产生以前就有这个概念，佛教用以作为修习所要达到的最高理想境界。

● 舍　利

又称舍利子、设利罗。是指佛教祖师释迦牟尼佛圆寂火化后留下的遗骨和珠状宝石样生成物。两千五百多年前释迦牟尼涅槃，弟子们在火化他的遗体时从灰烬中得到了一块头顶骨、两块肩胛骨、四颗牙齿、一节中指指骨舍利和84000颗珠状真身舍利子。佛祖的这些遗留物被信众视为圣物，争相供奉。舍利现象本罕见，但近年来，舍利现象屡有出现，成为当代佛教界的一个奇闻。

● 念　珠

又称咒珠、诵珠，是佛教徒用为除去烦恼、安定心志，或称颂西方极乐世界教主阿弥陀佛时所用。念珠以108颗为基本（表示除去108个烦恼），另有54颗、42颗、21颗等。也有1 080颗为上品的。1989年3月，加拿大温哥华佛教徒、作家冯冯有两串念珠，据说已念过500万遍，义卖了加币500万元。

● 锡　杖

僧侣携带道具之一，又名声杖、德杖。比丘（和尚）向人乞食时，不能用此杖打敲施主之门，只能以杖击地出声，令人出来，故名声杖。此杖头部用锡，中部用木，下部用牙或角制成，故称锡杖。僧侣持锡杖往诸地云游时叫作"飞锡"，住下某处后叫作"留锡"或"挂锡"，外出布教时叫作"巡锡"。佛教举行宗教仪式时，有时也用短的锡杖，一面挥动此杖，一面口唱梵呗。

● 钵

僧侣以乞食为生，钵是装食物的器具，有瓦钵、铁钵等，一钵之量刚够一僧食用。僧侣只被允许携带三衣一钵，此钵则为乞食所用。

● 木　鱼

把木头挖空而雕成鱼形，为诵经、唱名时所用。古人以为鱼不睡觉，而敲木鱼鼓励信众精进不懈。木鱼大的有二尺以上，小的只有五寸。

● 梵　钟

寺院钟楼之吊钟，又称洪钟、撞钟。据说，寺僧撞钟所发之声，能使众生开启心眼而除烦恼。佛教在许多东西上都加上一个"梵"字以示"源出印度"，如"梵本"。中国佛寺的梵钟可能是中国土产，佛教在钟字前加上一个"梵"字而成"梵钟"。

● 寺

汉代中国政府设有鸿胪寺（非佛教的寺）专门招待外宾。中亚与印度僧人抵华后，起先被安置在鸿胪寺。以后，中国佛教用"寺"作为僧尼修道之所的名称了。

● 院

寺内僧人等住的别舍。目前，寺与院常一起合称为"寺院"。由寺院演变出来的名称有庵、莲社、讲堂、佛教堂、净社、佛社、念佛会等。寺的另外九个名称是：净住、法同舍、出世舍、精舍、精净园、金刚刹、寂灭道场、远离、亲近处。

● 大雄宝殿

简称大殿，供奉主佛，如释迦牟尼。

● 茅　蓬

僧人在山林、郊外所建的修道处。

● 精　舍

僧人的修行处。释迦牟尼时已有竹林精舍及祇园精舍。

● 庙

庙、祠，原来不用于佛教，但目前庙已成为佛寺的代名词。

● 三　门

寺院正面的楼门，又称"山门"，因佛寺大都建于山上，故称基门为山门，左、中、右三门并列而称三门。三门象征佛教教义：空、无相、无作。

● 伽　蓝

梵文 Samgharam，佛教僧尼修道之处，亦即寺院。一个完整的寺院需具有 7 个伽蓝，即金堂（供佛像处）、讲堂、塔、钟楼、藏经处（放置大藏经）、僧房（宿舍）、食堂。但各宗有不同的安排，不太一致。

● 住　持

久住护持之意，掌管一个寺院的主僧。

● 方　丈

原指印度僧房只有方一丈大，但今天已转用成敬称住持为方丈或丈室。

● 僧　伽

梵文 Samgha，又可译成"大众""团契"。佛教僧尼及信徒所组成的佛教团体。目前，称个人时叫"僧"，称整个佛教团体时叫"僧伽"（教团）。僧又有"高僧""贫僧""小僧"（自谦的用法，但很少用）等用法。在佛教中，"名僧"的用法是指坏的意义方面，所以不能随便称某位有名的法师为"名僧"。

● 大　师

梵文 Sastr，大师范、大导师之意。释迦牟尼被尊称为"三界之大师"。在中国，起初称有高德之出家人为大师。但以后，"大师"二字只专用于追赠死去的高僧。例如，天台宗的创立人智　被追赠为智者大师，慧思为南岳大师，吉藏为嘉祥大师等。

● 和　尚

和尚一语可能是从西域龟兹语 Pwajiaw 或回纥语 Xosang 转讹而来。原来，凡成为受戒人的师表者叫作和尚，亦即戒和尚。但目前僧侣均被称为和尚。在佛教中，称"大和尚"时，是对"有地位权势"或"德高道深"者用。凡无任何地位及"没有办法"的和尚，不论其年龄大小，常被称为"小和尚"（非指年龄小）。

● 法　师

梵文 dharma—bhanaka。凡能讲解佛法之僧尼都称为法师。因此，释迦牟尼及其弟子都是法师。但在今日，许多人一见到和尚，不管他能讲经与否，都一律尊称对方为法师。在佛教界，称对方为"法师"时，含有尊敬的意义。

● 比　丘

梵文 Bhiksu。满20岁受了具足戒的佛教男子即为比丘，俗称和尚。"比丘"一语，原为印度婆罗门教的修行者所用，佛教以后采用了这个称呼。

● 比丘尼

梵文 Bhiksumi。满20岁受了具足戒的佛教女子，俗称尼姑。

● 沙　弥

原语可能从龟兹语 Samane or Sammir 或于阗语 Samana 音译而来，指出了家受了十戒，年龄未满20岁的男子。见到未满20岁的男子出家人，不能称他为和尚，只是沙弥而已。佛教规定，7岁以下、70岁以上者不许出家。20岁以前、60岁以后者，虽许出家，但只能为沙弥，不得受比丘戒而正式成为比丘。

● 沙弥尼

龟兹语为 Samanen，未满20岁出家的女子，受过十戒后，称为沙弥尼。

● 优婆塞

梵文为 Upasaka，是指在家信佛教的男子，俗称居士。佛教称男信徒的正式用语是优婆塞。

● 优婆夷

梵文为 Upasika，是指在家信佛教的女子，俗称居士。佛教称正式皈依的女子为优婆夷。佛教信众间互相的称呼是：男众称做居士、师兄、菩萨（非指观音菩萨的那种菩萨）。

● 同　修

佛教信徒夫妻之间称作同修，指一起修佛学之意。

● 丹　田

丹田的概念原是道教内丹派修炼精气神的术语，已被各派气功广为引用。《东医宝鉴》引《仙经》之文，不仅指出丹田的所在，而且阐述了丹田的功能："脑为髓海，上丹田；心为绛火，中丹田；脐下三寸为下丹田。下丹田，藏精之府也；中丹田，藏气之府也；上丹田，藏神之府也。"古人称精气神为三宝，视丹田为贮藏精气神的所在，因此很重视丹田的意义，把它看做"性命之根本"。

● 一气化三清

"一气化三清"最早出自许仲琳著的《封神演义》，写的是太上老君与通天教主斗法时，太上老君用一气化出三个法身的故事。道教三清原指玉清、上清、太清三位尊神，全称为太清境大赤天道德天尊，简称道德天尊，又称太上老君，是道教最早崇奉的至尊之神，或说化身老子，后因出现"一气化三清"之说，由一尊神变为三尊神，以太上老君列三清第三位神。老子者，老君也。"一气化三清"之说，表明"气"是构造道教最高神的基本要素。同样，最高神之下的众神仙，也由"气"所构成。如"玉帝，在道教即三清之化"，即三清祖气所化，"五老上帝者，五气之根宗，五行之本始也"，表明玉皇大帝、五老君的"气"是直接源自根宗。

● 全真七子

金世宗大定七年（公元1167年），王重阳东至今山东东部传教。在宁海（今山东牟平）讲道时，他对被宋徽宗宠信的道士林灵素弄得丧失人心的传统道教进行了改造，创立全真教，全真教是后期道教最大的派别之一。在国难当头、"南渡君臣轻社稷"的大背景下，王重阳举起全真教的旗帜，为的是留住中国传统文化，把传统文化保存于宗教社会、民间社会。王重阳在传教过程中收了许多弟子，其中以马钰（丹阳子）、丘处机（长春子）、谭处端（长真子）、王处一（玉阳子）、郝大通（太古子）、刘处玄（长生子）和马钰之妻孙不二（清静散人）七人为翘楚，人称北七真，也就是通常所说的"全真七子"。王重阳死后，全真七子在北方广泛传播全真教，并且各立支派，即马钰遇仙派、丘处机龙门派、谭处端南无派、刘处玄随山派、郝大通华山派、王处一全真派、孙不二清静派，其中以丘处机及其龙门派影响最大。

教　育

从私学到官学，从科举取士到平民教育，中国古代教育经历了漫长而艰难的嬗变。

● 官　学

中国古代朝廷和各级官府开设的学校。传说虞（传说中的中国朝代名，由舜所建）、夏、商三代产生了名为"庠""序""米廪""校"等官学机构。西周形成了"国学""乡学"的官学制度。汉武帝元朔五年（公元前124年）招收博士弟子员，建立太学，是封建官学的开始。后经历代王朝的发展，逐步创立各种类型的中央官学和地方官学。

● 私　学

中国古代私人开设的学校。产生于春秋时期，孔子私学规模最大，影响也最大。战国时期，百家争鸣，私学大盛。整个封建社会中，私学始终与官学制度并存，在中国教育史上占有重要地位。

● 私　塾

中国旧时私人开办的学校，属于"私学"的一种。有塾师自设的学馆，有地主、商人设立的家塾，也有以祠堂、庙宇的地租收入或私人捐款举办的义塾（义塾免缴学费）。每个私塾一般只有一个教师，采用个别教学，教材及学习年限没有一定的模式。

● 国　学

西周时设于王城及诸侯国国都的学校。据《礼记》《大戴记》及《周礼》记述，西周国学由前代学制发展而成，分小学和大学。教育内容为礼、乐、射、御、书、数，合称"六艺"；小学以书、数为主，大学以礼、乐、射、御为主。大学有"东序""瞽宗""成均""上庠""太学"等。

● 乡　学

西周乡遂设立的学校。《礼记·学记》载："古之教者，家有塾，党有庠，术有序，国有学。"郑玄注："术当为遂，声之误也。古者仕焉而已者，归教于闾里，朝夕坐于门。门侧之堂谓之塾。周礼五百家为党。万二千五百家为遂。党属于乡，遂在远郊之外。"

● 学　堂

即学校。西汉景帝末年，文翁为蜀郡守，提倡教化，建学宫以教育下县子弟，称文翁学堂。《汉书·文翁传》颜师古注："文翁学堂于今犹在益州城（成都）内。"学堂之名自此开始。清末通称学校为学堂。

● 四门学

中国古代的学校。北魏创立四门小学，初设于京师四门，后与太学同在一处。唐朝四门学为大学，隶属国子监，传授儒家经典，性质与国子学、太学相同，但学生家庭出身之官品较低。隋朝及北宋也设四门学，存在时间很短。

● 书　馆

汉代的蒙学。《观堂集林·汉魏博士考》载："汉时教初学三所名曰书馆。其师名曰书师；其书用《仓颉》《凡将》《急就》《尚书》诸篇；其旨在使学童识字习字。"

● 蒙　馆

也叫"蒙学"，中国封建时代对儿童进行启蒙教育的学校。教育的内容主要是识字、写字和封建道德教育，教材一般为《蒙求》《千字文》《三字经》《百家姓》《四书》等，没有固定年限，采用个别教学，注重背诵、练习。

● 蒙　学

（1）即"蒙馆"；（2）光绪二十八年（1902年），《钦定学堂章程》

规定初等教育机构分为三级：蒙学堂、寻常小学堂、高等小学堂。蒙学堂简称蒙学，入学年龄为5岁，修业4年，设修身、字课、读经、史学、舆地、算术、体操等课程。仅有章程，并未开办。

● 国子监

中国封建社会的教育管理机构和最高学府，亦称"国子学"。西晋武帝咸宁四年（公元278年）于太学之外，为士族子弟另设国子学。北齐改为国子寺。隋文帝所设国子寺下辖五学，至隋炀帝改称国子监，为管理中央官学的专门机构，唐、宋衍设。明、清时国子监兼具中央教育管理机构和最高学府双重性质。

● 太　学

明、清以前历代官学的基本形式，造就儒学高级人才的主要场所，可以说是中国古代的大学。西周已有太学之名，亦称大学，为国学的高级形式。汉武帝元朔五年（公元前124年），立博士弟子员50人开设太学，是封建社会学校制度的开始。

● 鸿都门学

东汉的文学艺术专门学校。创设于东汉灵帝光和元年（公元178年），因校址设在洛阳鸿都门而得名。以教习辞赋、书画、小说、尺牍等为主要内容。是中国历史上出现最早的专科学校，也是近代文学艺术大学的滥觞。

● 宗　学

中国古代皇族子弟学校。汉平帝时始置宗师，教育宗室子孙。北魏武帝时设皇宗学。唐高宗为宗室及功臣子孙设小学。宋朝宗学分小学与大学，学生初限于"南宫北宅"皇室子孙，后宗室之疏远者亦可入学。明朝规定学习四书、五经、《史鉴》《性理》和皇明祖训等。

● 书　院

书院始于唐而盛于宋，至元、明、清普遍设立。唐玄宗开元十一年设丽正书院，本为修书之所，而当时士人读书之地，也有称书院者。宋以后书院为讲学之所，马端临在《文献通考》中称湖南衡阳的石鼓书院、河南的睢阳书院（应天书院）、庐山的白鹿洞书院和湖南长沙的岳麓书院为四大书院。书院或为官办，或为私办，其主讲人和管理者有洞主、洞正、堂长、山主、山长等各种称呼，而以称山长者最为普遍。

● 律　学

中国古代培养法律人才的专科学校。南朝梁武帝天监四年（公元505年）始设，唐、宋衍设。以教习律令为主要内容，兼习格式、法令、断案、古今刑书等，同时需习儒家经典，通过明法科考试进入仕途。

● 算　学

中国古代培养数学人才的专科学校。始建于隋朝初年，唐、宋衍设，以传授《孙子》《五曹》《九章》《海岛》《周髀》《张丘建》《夏侯阳》等为主要内容，兼习儒家经典。学生毕业后，唐朝时需参加算学科考试，宋朝时直接授官。

● 书　学

唐、宋时培养书法人才的学校。《新唐书·选举志》载："凡书学：《石经三体》限三岁，《说文》二岁，《字林》一岁。"《宋史·选举志》载："书学生习篆、隶、草三体，明《说文》《字说》《尔雅》《大雅》《方言》，兼通《论语》《孟子》义。"

● 玄　学

唐朝学习玄学的专科学校。开元二十九年（公元741年），唐玄宗李隆基诏设玄学，传授《道德经》《庄子》《文子》《列子》等，学生以100人为额。州、县亦设，学生业成后，准许参加明经科考试，进入仕途。

● 医　学

中国古代培养医药人才的专科学校，南朝宋元嘉二十年（公元443年）始设。唐朝医学最为发达，形成中央医学和地方医学教育系统，分有医、针、按摩和咒禁四科。宋朝医学设置较早，分设方脉科、针科、疡科，规模比唐朝有所扩大，学生毕业后，或参加科举，或直接授职。

● 画　学

宋朝培养绘画人才的专科学校，创建于宋徽宗崇宁三年（公元1104年）。课程分佛道、山水、人物、鸟兽、花竹、屋木六科，并学《说文》《尔雅》《方言》《辞名》。学生入学分"士流""杂流"两种。所习有别，按三舍法依次升补，但"杂流"学生不能授以三等以上官职。

● 武　学

古代培养武事人才的专科学校，北宋仁宗庆历三年（公元1043年）创建。两宋期间，建废无常。明朝时又设置。宋朝武学以传授诸家兵法、弓矢骑射、历代用兵的教训等为内容，学满3年，考试及格，授以官职。明朝武学学习四书、《武经》《七书》《百将军传》等。

● 社　学

元、明、清三代的地方学校。元制50家为一社，每社设学校一所，择通晓经书者为教师，农闲时令子弟入学，读《孝经》《小学》《大学》《论语》《孟子》。明朝各府、州、县皆立社学，教育15岁以下之幼童，教育内容包括御制大诰、本朝律令及冠、婚、丧、祭等礼节。

● 阴阳学

唐、元、明三代的天文专科学校。唐朝隶司天台，下设天文、历数、漏刻三科，培养专门人才。元朝设诸路阴阳学，学习《占算》《三命》《五星》《周易》《六壬》《算学》等。成绩优异者，经地方推荐，由司天台录用。明朝洪武十七年（公元1384年），亦设中央和地方两级阴阳学。

● 选士制度

中国古代人才的选拔制度。相传西周已有"乡举里选"的做法。西汉采用选举制，由公卿郡国荐举贤良方正、孝廉、秀才之士，经对策考试擢升或委以官任。魏晋时期采用"九品官人法"（亦称"九品中正制"）选拔人才。隋朝以后历代王朝设科考试，分科取士，为科举制度，直至1905年废除。

● 三鼎甲

中国古代科举制度中，殿试取中的前三名进士，分别称为状元、榜眼、探花，合称"三鼎甲"。殿试在唐代已有，状元、榜眼、探花作为三鼎甲的三个专称，合成于南宋。明代的科举，分乡试、会试、殿试三阶段。学校生员（秀才）每三年一次到省城参加会考，叫作乡试，录取的人称为举人，第一名称为解元。举人和国子监的监生在隔年春天到礼部应考，称为会试，录取的称为进士，第一名称为会元。同年，再由皇帝亲自在殿上出题测验进士，称为殿试或廷试，把会试录取的进士分为三等：一甲三人，分别称为状元、榜眼和探花；三甲若干人，第一名都叫传胪。所谓"三元及第"就是指一连考了解元、会元、状元三个第一名。

● 状　元

状元是中国科举制度诸多名词中最为耀眼的一个。科举制选状元肇始于隋，确立于唐，完备于宋。举人赴京应礼部试者皆须投状，因称居首者为状头，故有状元之称。中状元者号为"大魁天下"，为科名中最高荣誉。因其为殿试第一甲第一名，亦别称殿元，又因居三鼎甲之首，亦别称鼎元，但古时的状元也并非全部是殿试第一名。从唐高祖武德五年（公元622年）科举考试开始，至清光绪三十年（1904年）最后一次科考，历代王朝共选拔了文状元654名，武状元185名（有姓名记载的）。其中广为人知的有唐朝的贺知章、王维、柳公权，宋朝的张孝祥、文天祥，明朝的胡广、杨慎，清朝的翁同龢、张謇等。中国历史上最后一位状元是刘春霖。

● 八股文

也称时文、时艺、制艺、制义、八比文、四书文，滥觞于北宋。王安石变法时认为唐代以诗赋取士，浮华而不实用，于是并多科为进士一科，一律改试经义，文体并无规格。元代科举考试，基本沿袭宋代。明代洪武元年（公元1368年），诏开科举，对制度、文体都有了明确要求，不过写法初无定规。成化年间，经王鏊、谢迁、章懋等人提倡，逐渐形成比较严格的程式。此后一直沿用下来，由明中期而泛滥整个清代，直到戊戌变法后，才随着科举考试的停止而废除。八股文每篇文章均按一定的格式、字数，由破题、承题、起讲、入手、起股、中股、后股、束股八部分组成。破题是用两句话将题目的意义破开，承题是承接破题的意义而说明之。起讲为议论的开始，首二字用意谓、若曰、以为、且夫、尝思等开端；入手为起讲后入手之处；起股、中股、后股、束股才是正式议论，以中股为全篇重心。在这四股中，每股又都有两股排比对偶的文字，合共八股，故名八股文。题目主要摘自四书、五经，所论内容主要据朱熹的《四书章句集注》。一篇八股文的字数，清顺治时定为550字，康熙时增为650字，后改为700字。

● 积分升斋法

元朝国子监的一项教学行政制度。元朝国子监分做上、中、下六斋，每季考其所习，按成绩可以依次递升。汉人升至上两斋、蒙古色目人升至中两斋后，只要两年未曾犯过，则允许参加"私试"，每月考试采用积分法，辞理俱优者为上等计一分，理优辞平者为中等计半分，一年积满八分以上者，可充高等。

● 监生历事制

明初国子监的一项教学行政制度。始于洪武五年，命在监数年的监生至政府各部门学习吏事，历练事务三个月，勤谨的送吏部附选，遇有缺官挨次取用；平常的再令历练；才力不及的送还国子监读书；奸懒的发充下吏。至英宗正统三年（1438年）废止。监生历事制堪称古代学校的"实习制"。

● 四　书

《论语》《孟子》《大学》《中庸》四种儒家著作的合称。南宋朱熹把这四种书加以注释，称《四书章句集注》，"四书"之名从此确定下来。"四书"是中国封建社会后期学校教育的基本教材和科举考试的重要内容。

● 五　经

《诗》《书》《易》《礼》《春秋》五种儒家经学典籍的合称，中国古代大学教育的基本教材。

● 《大学》

《大学》原为《礼记》第四十二篇。宋朝程颢、程颐兄弟把它从《礼记》中抽出，编次章句。朱熹将《大学》《中庸》《论语》《孟子》合编注释，称为"四书"，从此《大学》成为儒家经典。至于《大学》的作者，程颢、程颐认为是"孔氏之遗言也"。朱熹把《大学》重新编排整理，分为"经"一章，"传"十章。他认为："经一章盖孔子之言，而曾子述之；其传十章，则曾子之意而门人记之也。"就是说，"经"是孔子的话，曾子记录下来；"传"是曾子解释"经"的话，由曾子的学生记录下来。《大学》为"初学入德之门也"。"经"一章提出了明明德、亲民、止于至善三条纲领，又提出了格物、致知、诚意、正心、修身、齐家、治国、平天下八个条目。八个条目是实现三条纲领的途径。在八个条目中，修身是根本的一条。

● 《学记》

《学记》是中国古代也是世界上最早的一篇专门论述教育、教学问题的论著，是中国古代一部典章制度专著《礼记》中的一篇，写于战国晚期。据郭沫若考证，作者为孟子的学生乐正克。书中用较多的篇幅，阐述"教"与"学"的辩证关系。认为只有通过"学"的实践，才会看到自己学业方面的差距（"学然后知不足"）；只有通过"教"的实践，才会看到自己知识和经验方面的贫乏（"教然后知困"）。看到差距，才能力求上进，看到贫乏，才能鞭策自己，从而得出"教学相长"的正确结论。

● 蒙学课本

中国古代学童启蒙教育的课本。我国很早就出现了专门用于启蒙的识字课本，秦代有《仓颉篇》《爰历篇》，汉代则有司马相如的《凡将篇》、贾鲂的《滂喜篇》、蔡邕的《劝学篇》、史游的《急就篇》，三国时代有《埤苍》《广苍》《始学篇》，南朝时有《千字文》等。《急就篇》是现存最早的课本。

● 《颜氏家训》

南北朝时期记述个人经历、思想、学识以告诫子孙的著作，颜之推撰。作为中国传统社会的典范教材，《颜氏家训》直接开后世"家训"的先河，是我国古代家庭教育理论宝库中的一份珍贵遗产。《颜氏家训》是中国文化史上的一部重要典籍，这不仅表现在该书"质而明，详而要，平而不诡"的文章风格上，以及"兼论字画音训，并考正典故，品第文艺"的内容方面，而且表现在该书"述立身治家之法，辨正时俗之谬"的现世精神上。因此，历代学者对该书推崇备至，视之为垂训子孙以及家庭教育的典范。《教子》篇是家庭教育的专论。根据孔子"少成若天性，习惯如自然"的论点，认为儿童时期是一生发展的关键，提出"胎教"观点。

● 《三字经》

蒙学读本，相传为宋朝的王应麟撰，另有人认为是宋末区适子或明朝黎贞所作。但通过对内容的分析，可以判定成书于宋朝可能性较大。书中有关元、明、清三代历史的叙述为后来学者陆续增补。该书为古代最有代表性的蒙学教材之一。《三字经》已有七百多年的历史，是学习中华传统文化不可多得的儿童启蒙读物，共1720字，可谓家喻户晓，脍炙人口。三字一句的韵文极易成诵，内容包括中国传统的教育、历史、天文、地理、伦理和道德以及一些民间传说，广泛、生动而又言简意赅。《三字经》早就不仅仅属于汉民族，它有满文、蒙文译本。《三字经》也不再仅仅属于中国，它的英文、法文译本已经问世。1990年新加坡出版的英文新译本更是被联合国教科文组织选入"儿童道德丛书"，在全世界范围加以推广。

● 《百家姓》

《百家姓》是一本关于中文姓氏的书，成书于北宋初。原收集姓氏411个，后增补到504个，其中单姓444个，复姓60个。《百家姓》的次序不是依各姓氏人口实际排列，而是因为读来顺口，易学好记。《百家姓》与《三字经》《千字文》并称"三、百、千"，是中国古代幼儿的启蒙读物。"赵钱孙李"成为《百家姓》前四姓，是因为百家姓形成于宋朝的吴越钱塘地区，故而宋朝皇帝的赵氏、吴越国国王钱氏、吴越国王钱俶正妃孙氏以及南唐国王李氏成为百家姓前四位。

● 《千字文》

原名《次韵王羲之书千字》，蒙学读本，其编者是南朝（梁朝）散骑侍郎、给事中周兴嗣。《千字文》在"三、百、千"中虽排在最后，但其成书时间却是最早的，也是"三、百、千"中唯一确切知道成书时间和作者的一部书。《千字文》问世一千四百多年来的流传表明，它既是一部优秀的童蒙读物，也是中国优秀传统文化的一个组成部分，得到了人们的普遍重视和喜爱，这足以使它流传到久远的将来。《千字文》在中国古代的童蒙读物中，是一篇承上启下的作品。它那优美的文笔，华丽的辞藻，使得众多童蒙读物都无法望其项背。

● 《幼学琼林》

原名《幼学须知》，又称《成语考》《故事寻源》等，蒙学读本。一般认为是明朝程允升原编，也有人认为原作者是明朝景泰年间的进士邱浚。清朝嘉庆间邹圣脉增补注释后，改名为《幼学故事琼林》，简称《幼学琼林》，本书是用骈体编写。

● 《女儿经》

女学读本，作者已不可考，约成书于明朝。本书是采用韵语编写，共864字。《女儿经》是中国古代对女子进行思想道德教育的教材，在为人、处世、治家等方面，它提倡敬老爱幼、勤俭节约、珍惜粮食、讲究卫生、严于律己、宽以待人、举止得体、注意礼貌等。

● 《朱子家训》

又名《朱子治家格言》《朱柏庐治家格言》，是以家庭道德为主的蒙学读本，清初朱用纯（号柏庐）作。《朱子家训》通篇意在劝人要勤俭持家、安分守己。讲中国几千年形成的道德教育思想，以名言警句的形式表达出来，可以口头传训，也可以写成对联、条幅挂在大门、厅堂和居室，作为治理家庭和教育子女的座右铭，因此，很为官宦、士绅和书香门第乐道，自问世以来流传甚广，被历代士大夫尊为"治家之经"，清朝至民国年间一度成为童蒙必读课本之一。《朱子家训》仅522字，精辟地阐明了修身治家之道，是一篇家教名著。其中，许多内容继承了中国传统文化的优秀特点，比如尊敬师长、勤俭持家、邻里和睦等，在今天仍然有现实意义。

● 《弟子规》

原名《训蒙文》，蒙学读本，清李毓秀撰，经贾有仁修订后改为现名。《弟子规》这本书，影响之大，读诵之广，仅次于《三字经》，是学童们的生活规范，依据至圣先师孔子的教诲编写而成，教导学生为人处世的规范。《弟子规》分为五个部分，具体列述弟子在家、出外、待人、接物与学习上应该恪守的守则、规范。

● 《曾文正公家训》

清曾国藩撰，李瀚章辑，刊于光绪己卯年，初刊本为传忠书局刻本。本书收曾国藩自咸丰六年九月至同治六年五月的160封书信（含遗嘱）。本书是中国封建社会末期一部最有影响的家庭教育著作。曾国藩以家书教育子女的方式，对子女"爱之以其道，教之以其方"，涤除达官贵人之家的骄奢陋习，在教育子女方面取得了完全的成功。

● 崇文馆

魏明帝曾设崇文馆学士，唐贞观十三年（公元639年）东宫设崇贤馆。上元二年（公元675年）为避太子李贤名讳，改名为崇文馆。设学士，掌经籍图书，教授生徒。设校书郎，掌校理典籍，学生20名，出身与课试均与弘文馆相同。

● 弘文馆

唐武德四年（公元621年）设修文馆于门下省。九年，唐太宗即位，改名弘文馆。聚书二十余万卷。设学士，掌校正图籍、教授生徒，并参议政事。设校书郎，掌校理典籍，刊正错谬，设馆主一人，总领馆务。学生数十名，从学者学经史书法，皆选自皇族贵戚及高级京官子弟。

● 广文馆

唐宋的学校。唐天宝九年（公元750年）始设，设博士及助教，掌教国子监中习进士课业的生徒，不久即废。宋初复设，为应试或落第举人讲习之所。

● 石鼓书院

宋初四大书院之一，原址在湖南衡阳县北石鼓山，原名李宽中秀才书院。石鼓书院始建于唐元和五年（公元810年）。宋至道三年（公

997年），邑人李士真拓展其院，作为衡州学者讲学之所，后朝廷赐额"石鼓书院"，《文献通考·学校》列为"宋兴之初天下四书院"之一（《玉海》录"宋朝四书院"，有嵩阳而无石鼓）。经唐、宋、元、明、清各朝，书院屡经扩建、修葺，韩愈、周敦颐、朱熹、文天祥、徐霞客、王夫之等接踵至此，或讲学授徒，或赋诗作记，或题壁刻碑，或寻幽揽胜，蔚为壮观。

● 应天书院

宋初四大书院之一，又称睢阳书院，前身南都学舍，原址位于河南省商丘县城南，由五代后晋杨悫所创。宋初书院多设于山林胜地，唯应天书院设于繁华闹市，历来人才辈出。靖康国难时（1126年），金兵南侵，中原沦陷，应天书院被毁，学子纷纷南迁，中国书院教育中心随之南移，应天书院没落。历朝虽有人曾重修书院，但未能成功，今天应天书院只剩下残存的建筑，供人瞻仰。

● 白鹿洞书院

宋初四大书院之一，原址在江西庐山五老峰东南。唐朝时李渤隐居读书于此，曾养一白鹿自娱，人称白鹿先生。后李渤任江州刺史，于其地建台榭，遂以白鹿名洞。南唐时就遗址建学馆，称庐山国学。宋初改名为白鹿洞书院，但不久即废。直到著名理学家朱熹重修书院之后，白鹿洞书院才扬名天下。朱熹不仅重修了白鹿洞书院，而且建立了严格的规章制度。白鹿洞书院后与吉安的白鹭洲书院、铅山的鹅湖书院、南昌的豫章书院并称为"江西四大书院"。

● 岳麓书院

宋初四大书院之一。原址在湖南长沙岳麓山。唐末五代智璇等僧建屋办学，形成书院的前身。北宋开宝九年（公元976年），潭州太守朱洞因袭扩建，创立岳麓书院；大中祥符八年（1015年），宋真宗赐"岳麓书院"额。历经宋、元、明、清各代，至清末光绪二十九年（1903年）改为湖南高等学堂，而后相继改为湖南高等师范学校、湖南工业专门学校，1926年正式定名为湖南大学至今，历经千年，弦歌不绝，世称"千年学府"。

● 嵩阳书院

原址在河南省登封市嵩山南麓，创建于北魏孝文帝太和八年（公元484年），时称嵩阳寺，至唐代改为嵩阳观，到五代时周代改建为太室书院。宋代理学创始人程颢、程颐兄弟都曾在嵩阳书院讲学，此后，嵩阳书院成为宋代理学的发源地之一。明末书院毁于兵燹，清代康熙时重建。嵩阳书院经历代多次增建修补，规模逐渐形成，布局日趋严整。

● 东林书院

位于江苏省无锡市解放东路867号，亦名龟山书院，是我国古代著名书院之一。创建于北宋政和元年（1111年），是当时知名学者杨时长期讲学的地方，后废。明朝万历三十二年（1604年），由东林学者顾宪成等人重兴修复并在此聚众讲学，他们倡导"读书、讲学、爱国"的精神，引起全国学者普遍响应，一时声名大噪。顾宪成撰写的名联"风声雨声读书声声声入耳，家事国事天下事事事关心"更是家喻户晓，曾激励过无数知识分子，对我国传统文化思想发展促进极大，有"天下言书院者，首东林"之誉。

● 漳南书院

原址在河北肥乡县，以清初的一所义学为基础扩建而成。康熙十九年（1680年），于成龙出任保定巡抚，肥乡士绅郝文灿等遵照于成龙的命令，在肥乡屯子堡建义学一所，置学田百亩，郝文灿自任义学学师。后来郝文灿等又将义学扩建，并请官至兵部督捕侍郎的许三礼题名为漳南书院。康熙三十五年（1696年），著名学者颜元在许三礼的三度敦请下，终于应邀主持漳南书院。当时，漳南书院草创未就，仅建成"习讲堂"一处。颜元曾在其中堂书一对联："聊存孔绪，励习行，脱去乡愿、禅宗、训诂、帖括之套；恭体天心，学经济，斡旋人才、政事、道统、气数之机。"这副对联，集中体现了颜元主持漳南书院的办学宗旨。

● 学海堂

清代书院，位于广州城北越秀山。道光初，阮元为两广总督时建立，并于其中讲学。有学长8人，分任教学。学习内容有"十三经"、《史记》《汉书》《文选》、杜甫诗、《韩昌黎集》等，学生任选一门；

作日记，由学友评阅指点。刻有《诂经室集》《学海堂集》及《学海堂经解》。

● 南菁书院

原址在江苏江阴县城。清光绪年间，黄体芳为江苏学政时建立，以经史辞章教学生。王先谦曾讲学于此，辑成《后清经解续编》1 430卷，又刊《南菁丛书》及《南菁札记》。废科举后，改为南菁学校。

● 复性书院

1939年成立于四川乐山，以寺庙为院舍。院长马一浮，学生数十人。鼓吹"复明性道"，谓"治群经必求之于'四书'，治'四书'，治'四书'必先求之于朱注"。曾编印《群经统类》《儒林典要》及《复性书院讲录》等书。1946年迁至杭州。

● 广方言馆

清同治二年（1863年），江苏巡抚李鸿章仿北京同文馆例，经清政府批准，在上海设立外国语文学堂，称"广方言馆"，也称"上海同文馆"。招收14岁以下儿童入馆，学习外国语文及自然科学，3年毕业，分派洋务工作。光绪三十一年（1905年）改为兵工中学堂。同治三年（1864年）广州仿上海例，也设广方言馆。

● 时务学堂

清末维新派创办的学校。由谭嗣同等发起，得到湖南巡抚陈宝箴、按察使黄遵宪、学政江标的赞助，于1897年在长沙开办，梁启超任总教习。教学内容包括经、史、诸子和资本主义国家的政治、法律与自然科学。学生按日作札记，由教习批改。在教学中宣传变法思想。

● 万木草堂

戊戌变法领导人康有为讲学的场所。1891年创设于广州长兴里。以义理之学、考据之学、经世之学、文字之学为教学内容，为维新变法运动培养了许多人才，当时的学生有梁启超、陈千秋、麦孟华等，后来成为戊戌变法运动的重要人物。1894年被迫解散。

● 中西学堂

光绪二十一年（1895 年）由盛宣怀创办于天津，亦称天津西学学堂。分头等学堂和二等学堂两级，学习各 4 年。二等学堂属预科性质。头等学堂的普通学科有英文、数学、制图、物理、化学、天文、地学、万国公法、理财学等，专门学科则有工程学、电学、矿务学、机器学、律例学等。

● 南洋公学

光绪二十二年（1896 年）由盛宣怀创设于上海。经费来自电报、招商两局。分四院：师范院，即师范学堂；外院，即附属小学堂；中院，即二等学堂（中学堂）；上院，即头等学堂（大学堂）。师范院训练一年以上，挑充各院教习。外院、中院、上院均为 4 年，三级相衔接，逐年递升。1903 年改名为上海商务学堂。

● 京师同文馆

清末洋务派创办的培养译员的外语学校。1862 年 6 月在北京成立，附设于总理各国事务衙门。先后开设有英文馆、俄文馆、法文馆、日文馆，1867 年增设天文算学馆，开设了不少自然科学技术学科，使同文馆兼具中等专科学校性质。

● 京师大学堂

中国近代最早的国立大学。清光绪二十四年（1898 年）在北京创立，为戊戌变法"新政"措施之一。目的在于广育人才，讲求时务。初议设政学、工学、农学等十余科，实际仅设诗、书、易、礼四堂及春秋二堂，1900 年因战事停办。1902 年复校，设预备科及速成科。1903 年增设进士馆、译学馆。

● 女子师范学堂

清末培养女子小学教师及蒙养院保姆的学校。招收女子高等小学堂毕业生或学力相等者入学，期限 4 年。课程有修身、教育、国文、历史、地理、算术、格致、图画、家事、裁缝、手艺、音乐、体操 13 种。

● 实业学堂

清末的职业学校，分初、中、高三等。初等实业学堂相当于高等小学程度，有农业、商业、商船三类，修业3年。中等实业学堂相当于中学程度，有农业、工业、商业、商船四类，修业期预科2年，本科3年。高等实业学堂相当于大学程度，分类与中等同，修业期预科1年，本科3年。1913年改为实业学堂。

● 完全小学

简称"完小"。中国1922年学制规定，小学分初、高两级。初级单独设立者，称初级小学；初、高级合设者，称完全小学。

● 癸卯学制

又称《奏定学堂章程》，中国近代由国家颁布的第一个在全国范围内实行的系统学制。光绪二十九年（1904）由清政府颁布，因光绪二十九年为癸卯年，故称"癸卯学制"。内容涉及普通教育、师范教育、实业教育及学务管理等。分小学（包括初等小学堂及高等小学堂）9年、中学5年、高等学堂（或大学预科）及大学6年至7年。立学宗旨是："以忠孝为本，以中国经史文学为基，俾学生心术壹归于纯正，而后以西学瀹其知识，练其艺能，务期它日成才，各适实用。"这一学制突出体现了"中学为体，西学为用"的思想，对以后学制的组织形式影响颇大。其施行至1911年辛亥革命止。

● 壬子癸丑学制

辛亥革命后1912年至1913年南京临时政府公布的学制系统。因干支分别属壬子、癸丑，故得名。这是中国第一个正式实施的现代学制。这个学制改学堂为学校，废除了尊孔读经，取消了进士出身奖励，确定了女子的受教育权利和男女同校制度，同时筹办各级女子学校。该学制施行到1922年，是中国教育史上近代资产阶级的学制。

● 壬戌学制

1922年由"北洋政府"颁行的学制，亦称"新学制"。制定标准有7条：（1）适应社会进化之需要；（2）发挥平民教育精神；（3）谋个性之发展；（4）注意国民经济力；（5）注意生活教育；（6）使教育易于普及；（7）多留各地伸缩余地。学制规定：初等教育6年（初级小学4年、高级小学2年），中等教育6年（初、高级各3年），高等教育3年至6年（大学4年至6年，专门学校3年以上）。

● 平民教育运动

"五四"时期在中国兴起的一个倡导平民教育，争取人民教育权利的社会运动，是新文化运动的组成部分。影响较大的有毛泽东等在湖南长沙第一师范学校办的工人夜校，李大钊在北京《晨报》发表《劳动与教育问题》，邓中夏等组织"平民教育演讲团"，在乡村、工厂开展平民教育活动。

● 工读教育思潮

"五四"时期出现的一种教育思潮。提倡做工和求学相结合，做工和读书相结合。早期共产主义者李大钊、毛泽东、周恩来、蔡和森等倡导工读教育，组织和实施了留法勤工俭学活动。一些资产阶级、小资产阶级知识分子也组织过一些工读团体进行实验。

● 乡村教育运动

20世纪20年代在中国兴起的一个社会运动，旨在从教育农民着手，以改进乡村生活和推进乡村建设。影响较大的有中华职业教育社在江苏进行的农村改进试验，中华教育改进社主任干事陶行知创办的晓庄学校和山海工学团，以梁漱溟为代表的山东乡村建设研究院，以高阳为代表的江苏省立教育学院。

● 中华教育改进社

旧中国教育团体。1921年由实际教育调查社、新教育共进社、新教育编辑社合并而成，总社在北京。设有教育行政、各级各类教育的各种学科、心理教育测验等32个专门委员会。蔡元培、范源濂、郭秉文等为董事，美国人孟禄、杜威为名誉董事。它以调查教育实况、研究教育学术、力谋教育改进为宗旨。

● 中华职业教育社

中国研究和推行职业教育的教育团体。1917年5月在上海成立，主要负责人为黄炎培。以倡导、研究和推行职业教育，改革脱离生产劳动、脱离社会生活的传统教育为宗旨。提出职业教育的目的是："谋个性之发展，为个人谋生之准备，为个人服务社会之准备，为国家及世界增进生产力之准备。""使无业者有业，使有业者乐业。"先后开办中华职业学校、中华工商专科学校、中华职业补习学校、职业指导所等机构，推行职业教育，创办《教育与职业》等刊物。

● 教会学校

鸦片战争后，外国教会在中国创设的学校。从幼稚园到大学研究院，形成了一套完整的学校体系。一些中国著名大学起源于教会学校，比较著名的新教中学早期有烟台中学，后期有培正中学、培道中学等，大学则有燕京大学、岭南大学、上海圣约翰大学、湘雅医学院、华中大学等。而天主教部分有震旦大学、辅仁大学和静宜大学等。中华人民共和国成立后，于1951年接管了外资津贴学校，收回了教育主权。

语言文字

语言文字是一个民族文化发展的明显印记，汉语、汉字、文言文、白话文、书法……凸显中国语言文字的神奇魅力。

● 语言谱系

全称是"语言的谱系分类法"，是语言分类法之一。它根据语言间的亲属关系分为若干个语系，语系之下又按亲属关系的远近分为若干个语族，语族之下分为若干个语支，语支之下是语种。一般分为11个语系：（1）汉藏语系，包括汉语语族、藏缅语族、壮侗语族、苗瑶语族；（2）印欧语系，包括印度语族、伊朗语族、斯拉夫语族、波罗的语族、日耳曼语族、拉丁语族、凯尔特语族、希腊语族、阿尔巴尼亚语族、亚美尼亚语族、吐火罗语族；（3）乌拉尔语系，包括芬兰—乌戈尔语族、撒莫狄语族；（4）阿尔泰语系，包括突厥语族（西阿尔泰语族）、蒙古语族（东阿尔泰语族）、通古斯—满洲语族；（5）阿非罗—亚细亚语系（亚非语系），包括闪语族（西亚）、含语族（北非）；（6）伊比利亚—高加索语系，包括伊比利亚语族、阿布哈兹—阿第盖语族、巴茨比—斯梯语族、达格斯坦语族；（7）达罗毗荼语系（德拉维达语系），包括达罗毗荼语族；（8）马来—波利尼西亚语系（南岛语系），包括印度尼西亚语族、美拉尼西亚语族、密克罗尼西亚—班里尼西亚语族；（9）澳斯特罗—亚细亚语系（南亚语系），包括孟—高棉语族、达诸语族、澳洲土著语族；（10）非洲语言谱系，包括班图语族（尼日尔—刚果语族）、尼罗—撒哈拉语族、科伊桑语族；（11）美洲语言谱系，包括爱斯基摩（因纽特）—阿留申语族、北美印第安土著语族、南美印第安土著语族。

● 汉藏语系

根据谱系分类法划分的语系之一。在中国，汉藏语系一般分为四个语族，即汉语族、壮侗语族（或称侗台语族、侗泰语族、台语族）、苗瑶语族和藏缅语族，共计250种语言，主要分布在中国、越南、老挝、柬埔寨、缅甸、泰国、印度、尼泊尔、锡金、不丹、孟加拉等亚洲各地。按使用人数计算，是仅次于印欧语系的第二大语系。

● 汉　语

即汉民族共同语，是世界主要语言之一，也是世界上使用人数最多的语言。汉语属汉藏语系，是这个语系里最主要的语言。除了中国内地、香港特别行政区、澳门和台湾省以外，汉语还分布在新加坡、马来西亚等国。世界上大约有五分之一的人（14亿）使用汉语作为母语，还有3 000万人将汉语作为第二语言。汉语是联合国的工作语言之一。汉语的标准语是近几百年来以北方官话为基础、东北官话为辅助逐渐形成的。它的标准音是北京语音。汉语的标准语在中国大陆称为普通话，在台湾省称为国语，在新加坡、马来西亚称为华语。汉语在广义上是指汉族的语言，狭义上指普通话。毫无疑问，汉语是世界上使用人数最多的一种语言，汉语也曾对中国周边国家的语言文字产生过重要影响，如日语、韩语、越南语中都保留有大量的汉语借词以及汉语书写体系文字。

● 文言文

第一个"文"是书面文章的意思，"言"是写、表述、记载的意思，"文言"即书面语言。最后一个"文"，是作品、文章的意思，表示的是文种。文言文就是指"用书面语言写成的文章"。文言文包括以先秦时期的口语为基础而形成的书面语，俗称"之乎者也"，它是世界上最早的文字记录"压缩"格式。中国在1919年以前，所有的文章都是用文言文书面语言写成的。现在我们一般将"古文"称为"文言文"。

● 白话文

指的是以现代汉语口语为基础，经过加工的书面语。白话文在古代有一段很漫长的历史，它是唐宋以来在口语的基础上形成的，起初只用于通俗文学作品，如唐代的变文，宋、元、明、清的话本、小说，以及宋元以后的部分学术著作和官方文书，不过为古白话，而且白话文作品在古代文坛上只占少数，文言文在当时仍然是主流。清末开始的文体改革可以分为"新文体""白话文"和"大众语"三个阶段。从1919年五四新文化运动开始，白话文才在全社会普遍应用，逐渐取代了文言文，成为写作的主流，使文言文逐渐退出历史舞台。

● 普通话

以北京语音为标准音、以北方话为基础方言、以典范的现代白话文著作为语法规范的现代汉民族共同语。中华人民共和国建立以后，为了加强政治、经济、文化的统一，为了顺利进行社会主义建设，决定把汉民族的共同语加以规范，大力推广。1955年召开全国文字改革会议和现代汉语规范问题学术会议，确定了民族共同语的标准，给普通话下了科学的定义，制定了推广的方针、政策和措施。普通话的标准包括语音、词汇、语法三个方面。普通话以北京语音为标准音。北京语音主要指北京话的语音系统，不包括个别的土音部分。以北方话为基础方言，北方话的词汇是普通话词汇的基础和主要来源。以典范的现代白话文著作为语法规范，所谓"典范"的著作，是指具有广泛代表性的著作，如国家的法律条文，报刊的社论，以及现代著名作家的作品等。现代白话文著作是相对于早期的白话文著作来讲的。普通话是现代汉语的标准语，是现阶段汉民族语言统一的基础，是现代汉语发展的主流和方向。

● 汉语拼音方案

根据普通话语音系统制订的给汉字注音和拼写普通话语音的方案。1958年2月11日第一届全国人民代表大会第五次会议批准推行。方案采用26个拉丁字母，并用附加符号表示声调，是帮助学习汉字和推广普通话的工具，也用来进行汉语拼音文字的实验工作。现在拼音字母已经普遍用于字典、词典的注音，用于各种产品的型号标记，用于辞书和百科全书的条目排列顺序，用于书刊的索引，用于视觉通信和无线电报，用于盲人的手指字母。1977年联合国地名标准化会议采用拼音字母作为拼写中国地名的国际标准。1982年国际标准化组织采用拼音字母作为拼写汉语的国际标准。中国对外书报文件和出国护照中的汉语人名、地名一律用汉语拼音字母书写。

● 熟 语

熟语是习用的词的固定组合，语义结合紧密、语音和谐，是语言中独立运用的词汇单位，包括成语、谚语、惯用语、歇后语、格言、警句等，熟语一般具有两个特点：结构上的稳定性、意义上的整体性。熟语有三个来源，一是来自民间口语和名人之言，二是来自古代书面语，三是借自外语。

● 成　语

熟语的一种。结构凝固、言简意赅的词组（短语）或短句，意义具有整体性，主要来源于神话寓言、历史故事、诗文语句和口头俗语。成语一般都是四字格式，也有二字、三字、五字、六字等成语，如"五十步笑百步""闭门羹""莫须有""欲速则不达""醉翁之意不在酒"等。

● 格　言

熟语的一种。具有启发、教育意义的语句，一般是名人语录或从名著、寓言故事中剪裁而成，内容精辟，促人警醒，在群众中广泛流传，如"虚心使人进步，骄傲使人落后""满招损，谦受益""吃一堑，长一智""知识就是力量""学如逆水行舟，不进则退"。

● 谚　语

熟语的一种。在群众中口头流传的固定语句。语言通俗，句式匀整，含义深刻，生动活泼。从内容上分，大体有以下五种：（1）气象谚语，如"蚂蚁搬家蛇过道，明日必有大雨到"；（2）农业谚语，如"庄稼一枝花，全靠肥当家"；（3）卫生谚语，如"笑一笑，十年少；愁一愁，白了头"；（4）社会谚语，如"若要人不知，除非己莫为"；（5）学习谚语，如"刀不磨要生锈，人不学要落后"。

● 惯用语

熟语的一种。既有三音节为主的固定格式，又有比较灵活的结构，通过比喻等方法而获得修辞转义，如"卖关子、走过场、背黑锅、穿小鞋、磨洋工、打棍子、挖墙脚、开绿灯、一阵风、大呼隆、敲边鼓"等。惯用语与成语有一定的相似性，但两者是有区别的：（1）一般惯用语多是从口语发展来的，口语化强，而成语来源较广，且多用做书面语；（2）惯用语的语义单纯、易懂，而成语的语义丰富、深刻；（3）惯用语使用随便，可分可合，如"吃大锅饭"可以说"吃了几年的大锅饭"，中间可加字，而成语使用要求很严格，中间不能加字，不能拆开使用。

● 歇后语

熟语的一种。群众熟识而诙谐、形象的语句。它由前后两部分组成：前一部分起"引子"作用，像谜语，后一部分起"后衬"的作用，像谜底，十分自然、贴切。在一定的语言环境中，通常说出前半截，"歇"去后半截，就可以领会和猜想出它的本意，所以就称为歇后语。歇后语可以分成两种类型：一种是逻辑推理式的，说明部分是从前面比喻部分推理的结果，如"猪八戒照镜子——里外不是人"；还有一种是谐音的歇后语，在前面一种类型的基础上加入了谐音的要素，如"外甥打灯笼——照旧（舅）"。

● 俚　语

俚语，亦称里语、俚言，是指民间非正式、较口语的语句，是百姓在日常生活中总结出来的通俗易懂的、顺口的、具有地方色彩的词语，地域性强，较生活化。俚语是一种非正式的语言，通常用在非正式的场合。有时俚语用以表达新鲜事物，或对旧事物赋予新的说法，多流行于社会下层缺少文化教养的人中间。如北京话中的"开瓢儿"（打破头）、"撒丫子"（撒开腿跑）、"膊愣盖儿"（膝盖）、"底根儿"（从来；本来）、"傻帽儿"（称不聪明或行为呆傻的人，多用于开玩笑的场合）、"扎筏子"（拿别人发泄自己的怒气）。

● 外来语

又称外来词、借词，是从别种语言中吸收来的词语。外来语的出现并非现在所独有，汉代就已经出现，如葡萄、石榴、苜蓿、狮子、玻璃等就是汉代从西域借入的，之后各个朝代陆续有所借用。借词的特点，语言学家早已有了定论，比如常见的几种借词的构成方法为：音译、音译兼意译、音译加意译、意译加汉语语素、借行、直接使用原文。此外，人名（如奥巴马）、地名（如纽约）和商业名（如好莱坞）都属于外来语。

● 术　语

各门学科中的专门用语。术语可以是词，也可以是词组，用来正确标记生产技术、科学、艺术、社会生活等各个专门领域中的事物、现象、特性、关系和过程。比如，传播媒体又称"传媒""媒体"或"媒介"，指传播信息资讯的载体，即信息传播过程中从传播者到接受者之间携带和传递信息的一切形式的物质工具。中国古代科学技术十分发达，术语工作具有悠久的历史。荀子的《正名篇》是有关语言理论的著作，其中很多论点都与术语问题有关。汉唐时期的佛典翻译吸收了大量梵文的佛教术语。为了解决意译和音译问题，玄奘提出了"五不翻"原则。明代的科学著作翻译事业兴盛，中外学者合力译出不少有关天文历算、舆地测绘、农田水利之学的著作。19世纪下半叶，以京师同文馆、江南制造局为中心翻译了大量科学技术著作，引进了大量科学术语。

● 辞　格

又称修辞格，指修辞的方式。如比喻、借代、夸张、比拟、双关、反语、拈连、设问、映衬、反复、对偶、排比、顶真、反问、回环等。

● 汉　字

记录汉语的书写符号体系。从可识的殷商甲骨文至今已有三千多年的历史，是世界上最古老的文字之一。它的形体经历了甲骨文、金文、篆书、隶书、楷书等演变阶段，总趋势是从复杂变得简单，一个字一个形体、一个音节，绝大多数是形声字。汉字有五万多个，现在通用的有5000个至8000个。

● 仓颉造字说

古时候没有文字，人们结绳记事。相传，黄帝统一中华后，命大臣仓颉造字，仓颉在洧水河南岸的一个高台上造屋住下，专心造字。好长时间也没造出字来，仓颉很着急，一天他正坐在茅屋前苦想，一只凤凰鸣叫着从天空飞过，凤凰嘴里衔的一片树叶落下来，上面有个明显的兽蹄印，一名老猎人说这是貅蹄印，各种兽的蹄印都不一样，他只要一看蹄印，就知道是什么兽。仓颉由此受到启发：世上万物各有特征，抓住特征，画出图像，不就是字吗？从此他注意观察各种事物，造出了山河湖海、日月星云、树木花草、鸟兽虫鱼等很多字，从此中国有了文字。后人为纪念仓颉造字的功劳，把仓颉造字的高台叫"凤凰衔书台"，宋朝人又在这里建寺筑塔，称为"凤台寺"。

● 六　书

古人分析汉字而归纳出来的六种条例。清代以来多兼取东汉许慎所说的名称和班固所列的次序，就是象形、指事、会意、形声、转注、假借。六书对于人们理解汉字和进一步研究汉字的结构体系以及发展规律，有着重要的参考价值。

● 甲骨文

古汉字一种书体的名称。殷代（商朝）人用龟甲、兽骨（主要是牛肩胛骨）占卜。在占卜后把占卜日期、占卜者的名字、所占卜的事情用刀刻在卜兆的旁边，有的还把过若干日后的吉凶应验也刻上去，最详细的一条将近一百字。学者称这种记录为卜辞，这种文字为甲骨文。它是中国已发现的古代文字中时代最早、体系较为完整的文字。甲骨文发现于河南省安阳县小屯村一带，是商王盘庚迁殷以后到纣王亡国时的遗物（公元前14世纪中期—公元前11世纪中期），距今已三千多年。

● 大　篆

是西周时期普遍采用的字体，相传为夏朝伯益所创。针对不同的书写媒介，大篆亦有金文（或称"钟鼎文"）、籀文之别。金文是铭刻在古代铜器上的文字，西周和春秋时期，各诸侯国的字体有些区别，出土的各种铜器上铭刻的文字并不通用。籀文是古代秦国使用的文字，是小篆的前身，由于在春秋时秦人作的《史籀篇》中收藏有223个字，因此叫籀文，据说"籀"的意思是"诵读"。唐朝时出土的"石鼓文"据考证是秦襄公时所刻，和《史籀篇》中文字相同，是籀文的代表。

● 小　篆

又名秦篆，为秦朝丞相李斯所创。秦始皇灭六国，统一华夏，其疆域广而国事多，文书日繁，甚感原有文字繁杂，不便应用，加之原有秦、楚、齐、燕、赵、魏、韩七国书不同文，写法各异，亦亟待统一，乃命臣工创新体文字。于是，丞相李斯作《仓颉篇》，中车府令赵高作《爰历篇》，太史令胡毋敬作《博学篇》，皆就大篆省改、简化而成。小篆又名玉筋篆，取其具有笔致遒健之意而名之。小篆较之大篆，形体笔画均已省简，而字数日增，这是应时代的要求所致。从古文到大篆，从大篆到小篆的文字变革，在中国文字史上具有划时代的意义，占有重要地位。

● 隶　书

隶书相传为秦末"隶人"程邈所整理，去繁就简，字形变圆为方，笔画改曲为直。改"连笔"为"断笔"，从线条向笔画，更便于书写。"隶人"不是囚犯，而指"胥吏"，即掌管文书的小官吏。隶书盛行于汉朝，成为主要书体。作为初创的秦隶，留有许多篆意，后不断发展加工。隶书的出现是中国文字的又一次大改革，使中国的书法艺术进入了一个新的境界，是汉字演变史上的一个转折点，奠定了楷书的基础。在"罢黜百家，独尊儒术"的思想统一下，汉代隶书逐步发展定型，成为占统治地位的书体。

● 楷　书

又称正楷、楷体、正书或真书，是汉字书法中常见的一种字体。其字形较为正方，不像隶书写成扁形。楷书是现代汉字手写体的参考标准，也发展出另一种手写体——钢笔字。初期楷书，仍残留极少的隶笔，结体略宽，横画长而直画短，在传世的魏晋帖中，如钟繇的《宣示表》《荐季直表》，王羲之的《乐毅论》《黄庭经》等，可为代表作。东晋以后，南北分裂，书法亦分为南北两派。北派书体，带着汉隶的遗型，笔法古拙劲正，而风格质朴方严，长于榜书，这就是所说的魏碑。南派书法，多疏放妍妙，长于尺牍。唐代的楷书，书体成熟，书家辈出，在楷书方面，唐初的虞世南、欧阳询、褚遂良，中唐的颜真卿、晚唐的柳公权，其楷书作品均为后世所重，奉为习字的模范。

● 草　书

汉字的一种字体。它出现较早，始于汉初。当时通用的是"草隶"，即潦草的隶书，后来逐渐发展，形成一种具有艺术价值的"章草"（因为汉章帝喜好草书，所以被称为"章草"），是一种隶书草书。"章草"字字独立，接近于行草，但对难写之字简化不多，书写不变。后来楷书出现，汉末，张芝变革"章草"为"今草"，字的体势一笔而成，即楷书草书，写字迅速，往往上下字连写，末笔与起笔相呼应，每个字一般也有简化的规律，但不太熟悉的人有时不易辨认。一般也把王羲之、王献之等人的草书称为"今草"。唐代张旭、怀素又发展为笔势连绵回绕，字形变化繁多的"狂草"。日语中的平假名是以汉字的草书形式为蓝本创造的。

● 行 书

介于楷书和草书之间的字体。简化楷书笔画，兼采草书连绵笔法，比楷书易写，比草书易认。晋代已经流行，至今仍为人们广泛使用。行书中，写得比较规矩，接近楷书的叫作行楷；写得比较放纵，接近草书的叫作行草。

● 宋 体

又称明体，是为适应印刷术而出现的一种汉字字体。笔画有粗细变化，而且一般是横细竖粗，末端有装饰部分（即"字脚"或"衬线"），点、撇、捺、钩等笔画有尖端，属于白体，常用于书籍、杂志、报纸印刷的正文排版。宋体在宋代就已经产生，但并不成熟，而且宋代崇尚仿书法字体的颜体、柳体、欧体。一直到明代，由于经济因素，占据版面较小的宋体逐渐流行，由于这种字体缺少变化和艺术性，被明代文人诟为"匠体字"。宋体字东传至日本，被日本称作明朝体，现在成了汉字文化圈主流的印刷字体。后来依据西方文字的黑体和意大利体的方式，在汉字印刷体中也创造了黑体和仿宋体的铅字。目前宋体、黑体、仿宋体和楷体成为汉字印刷的主要四种字体。

● 书 法

又称"中国书法"，是中国特有的一种传统艺术，指用毛笔书写篆、隶、正、行、草各体汉字的艺术。技法上讲究执笔、用笔、点画、结构、章法等，与中国传统绘画、篆刻艺术关系密切。有三千多年的历史，以商周的金文为萌芽，其后秦篆、汉隶、晋草、魏碑、唐楷、宋行，各擅其胜。随着文化事业的发展，书法已不仅仅限于使用毛笔书写汉字，其内涵已大大增加。例如，从使用工具上讲，仅笔这一项就五花八门，毛笔、硬笔、电脑仪器、喷枪烙具、日常工具等种类繁多。颜料也不单是使用黑墨块，墨汁、黏合剂、化学剂、喷漆釉彩等五彩缤纷，无奇不有。

● 文房四宝

"文房"之名，起于我国历史上南北朝时期（公元 420 年—公元 589 年），专指文人书房而言，以笔、墨、纸、砚为文房所使用，而被人们誉为"文房四宝"。最早的毛笔，大约可追溯到两千多年之前。毛笔的发明者一般人都以为是秦代的蒙恬，但考殷墟出土的甲骨片上所残留之朱书与墨迹，系用毛笔所写。由此可知毛笔起于殷商之前，而蒙恬实为毛笔之改良者。在人工制墨发明之前，一般利用天然墨或半天然墨来作为书写材料。墨的发明大约要晚于笔。至汉代，终于开始出现了人工墨品。从目前出土古纸自身的年代顺序，可以分别排列为：西汉早期的放马滩纸，西汉中期的灞桥纸、悬泉纸、马圈湾纸、居延纸，西汉晚期的旱滩坡纸。砚之起源甚早，大概在殷商初期。刚开始以笔直接蘸石墨写字，后来因为不方便，无法写大字，人们便想到了可先在坚硬的东西上研磨成汁，如石玉、砖、铜、铁等。

● "永"字八法

古代书法家练习楷书的运笔技法。"永"字有八笔：点、横、竖、钩、仰横、撇、斜撇、捺，按各自的笔势以八字概括为侧、勒、弩（又作努）、趯、策、掠、啄、磔。这八笔是楷书基本笔画，每笔各有特色，而又互相呼应，一气呵成。"永"字如果能写出每笔的精神，楷书可算达到相当水平。

● 印　章

一种雕刻和书法融合的艺术，是和中国书法、绘画密不可分的艺术样式。因为印章独具特色，所以在古玩鉴赏领域占有较为重要的地位。印章名称很多，不下十几种，主要有玺、宝、图章、图书、图记、钤记、钤印、记、戳记等。古时候，印章通称为玺。到秦统一中国后，只有天子之印称为玺，其余的都称印。到了汉代，诸侯王的印称玺，将军的印称章，其余称为印。到了清代，皇帝之印称为玺，亲王以上的印叫宝，郡王以下官员的叫印，私人的叫图章等。称谓已无关紧要，也无限制，但仍以"印章"为最普通。

● 《开成石经》

唐代的十二经刻石，又称《唐石经》。原碑立于唐朝长安城务本坊的国子监内，宋时移至府学北墉，即今西安市碑林。始刻于唐文宗太和七年（公元833年），开成二年（公元837年）完成。唐初诏命经学大师贾公彦、孔颖达订正经籍。文宗大和年间，在郑覃、唐玄度建议下，依汉故事镌石太学，计有《周易》《尚书》《毛诗》《周礼》《仪礼》《礼记》《春秋左氏传》《公羊传》《谷梁传》《孝经》《论语》《尔雅》12种经书，共刻114块碑石。每石通高约3米，宽0.8米，下设方座，中插经碑高约1.8米，上置碑额。中华人民共和国成立前，"碑林管理会"将碑石去额平列，成为现有形状。《开成石经》的版面格式与汉魏石经不同，每碑上下分列8段，每段约刻37行，每行刻10字，均自右至左，从上而下，先表后里雕刻碑文。每一经篇的标题为隶书，经文为正书，刻字端正清晰，按经篇次序衔接，卷首篇题俱在其中，一石衔接一石，不易凌乱，可见当年刻石颇费匠心。此石经是中国清代以前保存最完好的石经，是研究中国经书历史的重要资料。

● 碑　林

碑林是收藏我国古代碑石时间最早、名碑最多的一座文化艺术宝库。其创始者为北宋名臣吕大忠（陕西蓝田人），时任陕西转运副使。碑林不仅是中国古代文化典籍石刻的集中点之一，而且是历代名家书法艺术荟萃之地。碑林是由于碑碣丛立如林、蔚为壮观而得名。碑林已有九百多年的历史，以它独特的收藏而成为中外驰名的艺术瑰宝。西安碑林是在保存唐代石经的基础上发展起来的，碑林不只以历史悠久、保存碑石之多、规模之大著称于世，更重要的还是这些碑石文字珍贵的史料价值和书法艺术价值。碑林保存的中国最完整的一套石刻书籍，是唐文宗开成二年（公元837年）刻的十二部经书，共114石，228面，刻650252字。这些经书，都是我国封建社会知识分子必读之书。因刻成于唐开成年间，又称为《开成石经》。

● 《尔雅》

我国第一部解释词义和名物的词典，也是最早的训诂学专著。一般认为是汉代儒家经师汇集古书旧文，递相增益，整理成书。《尔雅》也是儒家的经典之一，列入十三经之中。其中"尔"是近正的意思；"雅"是"雅言"，是某一时代官方规定的规范语言。"尔雅"就是使语言接近于官方规定的语言。全书19篇，包括《释诂》：对古代词汇的解释；《释言》：对一些动词和形容词的解释；《释训》：解释连绵词和词组以及形容词和副词；《释亲》：解释亲属的称呼；《释宫》：对宫室建筑的解释；《释器》：对日常用具、饮食、衣服的解释；《释乐》：对乐器的解释；《释天》：对天文历法的解释；《释地》：对行政区划的解释；《释丘》：对丘陵、高地的解释；《释山》：对山脉的解释；《释水》：对河流的解释；《释草》《释木》：对植物的解释；《释虫》《释鱼》《释鸟》《释兽》《释畜》：对动物的解释。

● 《说文解字》

我国第一部按部首编排的字典，简称《说文》。作者是东汉的经学家、文字学家许慎。《说文解字》成书于汉安帝建光元年（公元121年）。许慎根据文字的形体，创立540个部首，将9 353字分别归入540部。540部又据形系联归并为14大类。字典正文就按这14大类分为14篇，卷末叙目别为一篇，全书共有15篇。《说文解字》共15卷，其中包括序目1卷。许慎在《说文解字》中系统地阐述了汉字的造字规律——六书。《说文解字》开创了部首检字的先河，后世的字典大多采用这种方式。

● 《广韵》

全称《大宋重修广韵》，是我国北宋时期官修的一部韵书，宋真宗大中祥符元年（1008年），由陈彭年、丘雍等奉旨在前代韵书的基础上编修而成，是我国历史上完整保存至今并广为流传的最重要的一部韵书。原是为增广《切韵》而作，除增字加注外，部目也略有增订。全书分为五卷，206韵（平声57韵、上声55韵、去声60韵、入声34韵），共收录汉字26 194个。

● 《康熙字典》

由总纂官张玉书、陈廷敬（主持）和修纂官凌绍霄、史夔、周起渭、陈世儒等三十多位著名学者奉清朝康熙皇帝圣旨编纂的一部具有深远影响的汉字辞书。该书的编纂工作始于康熙四十九年（1710），成书于康熙五十五年（1716），历时6年，因此书名叫《康熙字典》。字典采用部首分类法，按笔画排列单字，字典全书分为十二集，以十二地支标识，每集又分为上、中、下三卷，并按韵母、声调以及音节分类排列韵母表及其对应汉字，共收录汉字47 035个，为汉字研究的主要参考文献之一。

● 《中华大字典》

20世纪80年代以前中国字典中收字最多的一种。本书共收字4.8万多，其中包括方言字和翻译的新字，比《康熙字典》多出1 000多字。1909年开始编纂，1914年编成，1915年由中华书局出版。1935年重印，1978年再次重印。该书编纂的目的是要纠正《康熙字典》中的错误，弥补其不足，力求取而代之。与《康熙字典》相比，它将当时由外语所译的新字、新名词、科技术语等皆收录于内，纠正了《康熙字典》中两千余处错误，且全书附有各种插图，在注音、释义、印证方面则更简明、合理、有条理性。

● 《辞源》

我国第一部大规模的语文辞书。始编于清光绪三十四年（1908年），至今已经修订再版多次，凝聚了几代学者的心血。修订版《辞源》以旧有的字书、韵书、类书为基础，吸收了现代辞书的特点，以语词为主，兼收百科，以常见为主，强调实用，是一部综合性、实用性极强的百科式大型工具书。全书共四册，收词近十万条，总计解说约一千二百万字，几乎超出了《资治通鉴》一倍。

● 《辞海》

中国最大的综合性辞典。《辞海》最早的策划、启动始于1915年。当时中华书局创办人陆费逵先生决心编纂集中国单字、语词兼百科于一体的综合性大辞典。"辞海"二字源于陕西汉中著名的汉代石崖摹刻《石门颂》，取"海纳百川"之意。全书共收录字、词十万余条，采用汉字部首（214部）排列，分为子丑寅卯等十二集。它的百科条目比《辞源》收录多些，语词条目比《辞源》收录少些。

● 《新华字典》

《新华字典》，顾名思义，就是新中国出版的字典，它是迄今为止最有影响、最权威的一部小型汉语字典，堪称小型汉语语文辞书的典范。《新华字典》是中国第一部现代汉语字典，最早的名字叫《伍记小字典》，但未能编纂完成。自1953年开始重编，其凡例完全采用《伍记小字典》。经过反复修订，以1957年商务印书馆出版的《新华字典》作为第一版。目前已出第10版，第10版的发行使《新华字典》的总发行量突破4亿册，创造了迄今为止世界出版史上字典的最高发行量。

● 《现代汉语词典》

由中国社会科学院语言研究所词典编辑室编，商务印书馆1978年正式出版。这部词典是以记录普通话语汇为主的中型词典。原版所收词目，包括字、词、词组、熟语、成语等共五万六千余条。2005年的修订从1999年开始，历时6年，是历次修订中修订幅度最大的一次。第5版共收字、词、词组、成语和其他熟语六万五千余条，基本上反映了当前现代汉语词汇的面貌，能够满足读者的需要。

文　学

诗经、乐府民歌、汉赋、唐诗、宋词、元曲、明清小说……
绘就了中国古典文学美不胜收的画卷。

● 六　义

风、雅、颂、赋、比、兴合称《诗经》"六义"，亦称"六诗"。风、
雅、颂是诗的体制。风是地方民歌，雅是王朝正声，颂是宗庙乐歌，主
要是以音乐来分类的。风又按产生的不同地区分为十五国风，共160篇；
雅分为大雅、小雅，共105篇；颂分周颂、鲁颂、商颂，共40篇。赋、
比、兴是诗的表现手法。赋即直截了当地铺叙抒写；比，即比喻，以彼
物喻此物；兴，即起兴，先描写一事物，或渲染一种环境、气氛，引发
所要表达描述的事物。

● 乐　府

乐府本是官署名，秦汉时设置。后世将乐府收集或创作整理用于演
唱的歌诗亦称做乐府或乐府诗。汉乐府诗按音乐大致分为郊庙歌辞、鼓
吹曲辞、杂曲歌辞、相和歌辞。汉乐府民歌是其中的精华，多为"感于
哀乐，缘事而发"的作品，是古典现实主义诗歌的典范，并为五言诗、
七言诗的发展奠定了基础。

● 汉　赋

汉朝流行的文学体裁。在形式上吸收了荀子《赋篇》体制、《楚辞》
的形式和特点发展形成的，有大赋、小赋之分。大赋常以帝王生活、都
市风物为描述对象，篇幅宏大，极力铺陈；小赋多为咏物、写景、抒情
之作，篇幅短小，文辞清丽，在东汉时逐渐盛行。

● 建安文学

指汉末魏初时期的文学。建安是汉献帝的年号（公元196年—公元220年）。在文学史上指汉末（公元190年）至曹睿太和年间（公元233年）近半个世纪的文学。建安时期是我国诗歌史上第一个黄金时代，作家辈出，作品众多，取得了极高的艺术成就。代表作家有"三曹""建安七子"、蔡琰等，其诗歌大多吸收汉乐府民歌的精华。

● 正始文学

正始是魏齐王曹芳的年号（公元240年—公元249年），在文学史上指曹魏后期近二十多年的文学。成就虽不如建安文学，但有自己的特色，阮籍、嵇康是其代表作家。当时诗歌创作受玄学影响，带有消极虚无情绪，而阮籍、嵇康的诗文，把对残酷、恐怖政治的不满和对自然放任之追求结合起来，形成了这一时期的文风。

● 永明体

南朝齐永明（齐武帝萧赜的年号）年间形成的新体诗。当时沈约、谢朓、周颙等人开始辨析四声，协调诗句的韵律，创造"八病"的格律限制，讲求骈偶，形成了新体诗。新体诗是古体诗向近体诗的过渡，也可以说是格律诗的开端。

● 宫体诗

南朝梁时形成的色情诗风。梁简文帝萧纲继承沈约等人色情诗的写作，提倡写作以宫廷妇女为描写对象的艳情诗，一些宫廷文人如徐摛、徐陵、庾肩吾、庾信开始大肆写作，形成诗歌史上的一股浊流。

● 南朝乐府民歌

产生于东晋南朝宋齐梁时期，主要保存在《乐府诗集·清商曲辞》（宋朝郭茂倩编）中，分为吴歌、西曲两类。吴歌较早，主要写建业一带城市生活。西曲较晚，写江陵为中心的城市生活和水上船家生活，二者多以爱情为主题，笔法细腻，音节优美，语多双关。代表作品有《西洲曲》《子夜歌》等。

● 北朝乐府民歌

产生于十六国后期及北魏时期，主要保存在《乐府诗集·梁鼓角横吹曲》中。诗歌反映北方各族人民的游牧骑射、经济贫困、爱情婚姻等多方面的社会生活，内容充实，风格刚健、质朴。代表作品有《木兰诗》《敕勒歌》等。

● 骈　文

从辞赋发展而来的一种文章体裁，起源于汉魏，盛行于南北朝。这种文体追求形式美，常以四言、六言句为基本句式，句法讲究对偶，讲究平仄、押韵。

● 词

古代诗歌的一种体裁，形成于唐，盛于宋。词实际上是合乐演唱的歌词，唐五代称曲或曲子词，宋时又称为乐府、诗余、长短句等。因为要符合音乐的要求，所以各词牌对填词的格律都有严格的要求。又因篇幅的长短分为小令、中调和长调，一般把长调称为慢词。

● 古文运动

唐朝贞元、元和年间复古的文学思潮和古文创作运动。古文就是与骈文相对的师法先秦、两汉经典散文的、奇句单行的散文文体。韩愈、柳宗元大力倡导古文创作，在他们的影响下涌现出一大批优秀的古文作家，创作古文蔚然成风，取得了很大成就，终于使古文取代了骈文，在文坛上占据统治地位。

● 新乐府运动

中唐时期的诗歌创作运动。新乐府是与古题乐府相对而言的，专指"即事名篇"，是用新题写时事的乐府式的诗。唐朝中期，顾况、李绅、元稹、白居易、张籍、王建等人继承汉乐府民歌的现实主义传统，师承杜甫、元结"即事名篇，无复依傍"的新乐府创作，提倡并努力从事新乐府诗的写作。

● 花间派

晚唐五代时流行的词派。后蜀赵承祚将晚唐五代词人温庭筠、韦庄、牛峤、牛希济等18位作家的词作编为《花间集》，故名。花间派词人的作品专以描写女子为能，堆砌辞藻，婉约绮丽，内容狭窄。

● 变　文

变文是唐朝通俗文学形式之一，又省称"变"。它是在佛教僧侣所谓"唱导"的影响下，继承汉魏六朝乐府诗、志怪小说、杂赋等文学传统逐渐发展成熟的一种文体。这种文体的特点是有说有唱、韵白结合、语言通俗、接近口语。题材多选自佛经故事，也有一部分讲唱历史故事和民间传说。变文的意义，和演义是差不多的，就是把古典的故事重新再演说一番、变化一番，使人们容易明白。变文后来范围逐渐扩大，包括历史故事、民间传说等，如敦煌石窟里发现的《大目乾连冥间救母变文》《伍子胥变文》等。

● 唐传奇

唐朝流行的文言小说，晚唐裴铏编小说集名为《传奇》，故后人以此称之。唐朝传奇的出现和繁荣，标志着中国古典小说发展质的飞跃。唐传奇一般故事完整，情节曲折，对后代影响很大。

● 江西诗派

宋朝诗歌创作的主要流派，黄庭坚为开创者。黄庭坚是江西人，南宋吕本中作《江西诗社宗派图》，录师法黄庭坚的25位诗人，故名。该流派以黄庭坚诗论为指导，推崇杜甫，但在创作中过于注重形式，要求字字有来历。他们反对西昆体，认为西昆体无学问、无技巧。

● 北宋诗文革新运动

北宋初中期掀起的文学思潮，欧阳修是其倡导者。主张文道并重，反对晚唐五代的浮靡文风以及西昆体诗，提倡古文创作，强调文学要有充实的内容。当时文坛众人先后响应，代表作家有王安石、曾巩、苏洵、苏轼、苏辙、苏舜钦、梅尧臣等。

● 豪放词派

宋词创作的一个重要流派，因词风豪迈、境界开朗、壮阔而得名。由苏轼开创，辛弃疾进一步发展，因此又称"苏辛词派"，代表作家还有张孝祥、陈亮、刘过、刘克庄等。他们的词作题材广泛，不受音律束缚，风格多奋发、激越、雄豪、沉郁。

● 婉约词派

宋词创作的一个重要流派。婉约词风从晚唐五代开始形成，进入宋朝时更加成熟，代表作家有晏殊、柳永、欧阳修、秦观、周邦彦、李清照、姜夔、吴文英等。他们的词作注重音律，格律精严，风格婉约、绮丽，语言秀美。

● 四灵诗派

南宋末年出现的诗派。这一诗派的四位诗人身处永嘉时期，其中徐照，字灵辉，徐玑，号灵渊，翁卷，字灵舒，赵师秀，号灵秀，故被称为"四灵诗派"，又称"永嘉四灵"。他们反对江西诗派，师法中唐的贾岛、姚合，擅长五言律诗，成就不高，但影响甚大。

● 话　本

宋元时说话人的脚本，话就是故事，实际上是当时流行的白话小说。话本分为四类：一为小说，又名"银字儿"，主要表现市井生活；二为谈经，即讲宗教故事；三为讲史，即讲历史故事；四为说合生，即对眼前事物的题咏。话本的体制特点一般开头时有入话，篇末则以诗词作结，说唱兼行，骈散并用。

● 曲

元朝时形成的文学艺术形式，包括杂剧和散曲两部分。杂剧是在宋杂剧、金院本及诸宫调直接影响下形成的一种戏剧形式。杂剧剧本一般由曲词、宾白、科泛三部分组成，曲词是剧本的主体，宾白包括对话和独白。杂剧结构一般是一本四折演一个完整故事，也有多本戏。

● 南　戏

元朝时南曲戏文的简称。流行于浙东沿海一带，又称为温州杂剧、永嘉杂剧，从宋朝发展而来。南曲的曲调与北曲不同，四声也用南方方音，戏剧分出，一本常由几十出构成，剧情一般比杂剧曲折、丰富。

● 四大传奇

指元朝南戏的四部代表性作品，即《荆钗记》《白兔记》《拜月亭》《杀狗记》，其中《拜月亭》相传为元人施惠根据关汉卿的同名杂剧改编，其他作者不详。

● 台阁体

明朝永乐、弘治年间出现的诗文流派，代表作家有杨士奇、杨荣、杨溥，他们都是台阁重臣，故名。他们的诗文歌功颂德，粉饰现实，风格雍容典雅。

● 唐宋派

明朝嘉靖年间出现的文学流派，代表作家有归有光、王慎中、唐顺之、茅坤等，归有光的成就最高。他们反对"前七子""后七子"的拟古主义，主张学习唐宋古文作家，故名。

● 公安派

明朝时继唐宋派而起的反对复古的文学流派，代表作家是袁宗道、袁宏道、袁中道兄弟三人，因为他们是公安人，故名。他们认为文学随时而变，主张文学要独抒性灵，反对"前七子""后七子"的拟古活动。

● 竟陵派

明朝后期的文学流派，代表作家是钟惺、谭元春，因同为竟陵人，故名。他们的文学主张与公安派相同，但又想矫正公安派的弊端，却比公安派更为偏狭。

● 三　言

明朝通俗短篇小说集的总称，冯梦龙编撰，包括《喻世明言》《警世通言》《醒世恒言》三部小说集，共收话本小说120篇。

● 二　拍

明朝通俗短篇小说集的总称，凌蒙初编撰，包括《初刻拍案惊奇》

《二刻拍案惊奇》两部拟话本小说集，共收80篇作品，内有一篇重复，一篇杂剧。从艺术成就看，"二拍"成就不如"三言"。

● 格调说

清朝诗歌评论家沈德潜的论诗主张。沈德潜继承"前七子""后七子"的诗论，推崇盛唐诗歌，主张学习其格调，提倡温柔敦厚的诗教。

● 神韵说

清朝王士禛的论诗主张，继承宋朝严羽以禅论诗的观点，强调妙悟兴会，提倡王孟韦柳诗歌，以恬淡闲远的神韵为诗歌的最高境界。

● 性灵说

清朝袁枚的论诗主张，继承明朝袁宏道等人的论诗观点，主张诗歌要直抒性灵，提倡写个人性情遭际，对格调说、神韵说都有所批评。

● 肌理说

清朝诗人翁方纲的论诗主张。他对神韵说、格调说不满，强调"诗必研诸肌理，而文必求其实际"，认为作诗要以儒家经典为根底，追求一种缜密的风格。他以考据入诗，实际上这是一种经学家的诗论。

● 桐城派

清朝的散文流派，由方苞所开创，其后刘大櫆、姚鼐进一步发展。他们都是桐城人，故名。他们主张以先秦两汉散文和唐宋古文大家的作品为典范，讲究"义法"，提出义理、考据、辞章三者相互为用的理论，在清朝影响最大。

● 屈 原

名平，战国时楚国人。中国最伟大的爱国诗人之一，也是我国已知最早的著名诗人、思想家和伟大的政治家。他创立了"楚辞"这种文体（也就是创立了"词赋"这一文体），《离骚》《九章》《九歌》《天问》是屈原最主要的代表作，《离骚》是我国最长的抒情诗。后世所见屈原作品，皆出自西汉刘向辑集的《楚辞》。

● 宋　玉

又名子渊，相传是屈原的学生，战国时楚国人。好辞赋，为屈原之后的著名辞赋家，相传所作辞赋甚多，《汉书·艺文志》录有赋16篇，今多亡佚。流传作品有《九辨》《风赋》《高唐赋》《登徒子好色赋》等，但后三篇有人怀疑不是他所作。"阳春白雪""曲高和寡""下里巴人"的典故皆由他而来。

● 司马迁

字子长，夏阳（今陕西韩城）人，西汉时伟大的史学家、思想家、文学家。早年在故乡过着贫苦的生活，后继承父业为太史令。公元前104年，司马迁在主持历法修改工作的同时，正式动笔写《太史公书》。天汉二年（公元前99年），因"李陵事件"，为投降匈奴的李陵求情，其直言触怒了汉武帝，认为他是在为李陵辩护，遂遭受宫刑。司马迁出狱后任中书令，继续发愤著书，于公元前91年完成了中国第一部纪传体通史《史记》，对后世史学具有深远的影响。

● 枚　乘

字叔，淮阴（今江苏淮安市西南码头镇）人，西汉辞赋家。曾做过吴王刘濞、梁王刘武的文学侍从。"七国之乱"前曾上书谏阻吴王起兵，"七国之乱"中又上书劝谏吴王罢兵，吴王均不听。"七国之乱"平定后，枚乘因此而显名。枚乘文学上的主要成就是辞赋，《汉书·艺文志》著录"枚乘赋九篇"，今仅存《七发》《柳赋》《菟园赋》三篇，后两篇疑为伪托之作。《七发》见于南朝梁萧统的《文选》，是一篇讽喻性作品。

● 司马相如

字长卿，蜀郡成都（今四川成都市）人，西汉著名辞赋家。汉景帝时为武骑常侍，汉武帝时为孝文园令。作品以《子虚赋》《上林赋》最为著名，极度铺张，开创了汉朝大赋"劝百讽一"的传统，有《司马文园集》传世。

● 班　固

字孟坚，扶风安陵（今陕西咸阳市东）人，东汉著名史学家、文学家。年少入太学，学问渊博，继其父续修《汉书》，有人告其私改国史而入狱，其弟班超辩明原委，汉明帝亦见其原稿，遂出狱。出狱后为兰台令史，奉诏修《汉书》。曾随大将军窦宪击匈奴，为中护军。后因受窦宪谋反案牵累入狱，死于狱中。

● 建安七子

指东汉末的孔融、陈琳、王粲、徐干、阮瑀、应玚、刘桢等七位文学家，"七子"之称见于曹丕《典论·论文》。除孔融年辈较高，反对曹操外，其他六人都是曹氏父子的僚属，其中文学成就以王粲为最高。

● 三　曹

指汉魏间曹操与其子曹丕、曹植，因他们政治上的地位和文学上的成就，对当时的文坛很有影响，所以后人合称之为"三曹"。曹操是建安时期杰出的文学家和建安文学新局面的开创者，开创了建安文学的新风气，风格清峻通脱，著有《蒿里行》《观沧海》《薤露》《短歌行》《苦寒行》《碣石篇》《龟虽寿》等不朽诗篇，后人辑有《曹操集》。曹丕擅长诗文及辞赋，其名作有《燕歌行》《与吴质书》等，其中《燕歌行》全诗均用七言，句句押韵，在中国七言诗的发展史上占有重要地位，所作《典论·论文》是一篇开文学批评风气的重要论文。曹植是第一个大力创作五言诗的作家，他把文人五言诗的发展推到了一个前所未有的高峰，标志着文人五言诗的完全成熟，其散文和辞赋也表现出很高的思想性和艺术性，所作《洛神赋》美不胜收，所作《与吴季重书》和《与杨祖德书》是两篇有名的散文诗札。

● 王　粲

字仲宣，高平（今山东邹县）人，"建安七子"之一。年轻时就极有才华，开始依附刘表，后来归附曹操，为丞相椽、侍中，赐爵关内侯。能诗善赋，风格清丽，注重锤炼，代表作有《七哀诗》《登楼赋》，有《王侍中集》传世。

● 阮　籍

字嗣宗，陈留尉氏（今河南尉氏县）人，三国时魏国杰出诗人。与嵇康、向秀、山涛、刘伶、阮咸、王戎交好，世称"竹林七贤"。曾为步兵都尉，本有济世之志，但是身处魏晋易代之时，以谈玄纵酒保身避祸。诗歌以《咏怀诗》82首为代表，多用比兴象征手法，含蓄蕴藉，曲折表达了内心的苦闷与矛盾。

● 嵇 康

字叔夜，谯国（今安徽宿县）人，三国时魏国著名思想家、文学家，"竹林七贤"之一。他与曹魏宗室为婚，曾为中散大夫，性格刚直，蔑视礼法，不与司马氏合作，为司马昭所杀。文学成就主要在散文方面，风格清峻，代表作有《与山巨源绝交书》等，诗作多为四言，有《嵇中散集》传世。

● 潘 岳

字安仁，荥阳中牟（今河南中牟）人，西晋诗人。曾为河阳令、著作郎、给事黄门侍郎等职，谄事权贵贾谧，后为赵王司马伦亲信孙秀所害。其诗多为辞采华艳、堆砌铺张之作，只有《悼亡诗》等三首情真意切，广为传诵，有《潘黄门集》传世。

● 陆 机

字士衡，吴郡华亭（上海淞江县）人，西晋文学家。东吴名将陆抗之子，吴国灭亡后，与弟弟陆云入洛阳，文名大噪，世称"二陆"。历任平原内史、祭酒、著作郎等职，世称"陆平原"，后死于"八王之乱"，被夷三族。他的诗作讲求辞藻排偶，流于堆砌繁冗，但他的《文赋》是一篇重要的文学理论论文，有《陆士衡集》传世。陆机还是一位杰出的书法家，他的《平复帖》是中国古代存世最早的名人书法真迹。

● 张 协

字景阳，安平（今河北安平县）人，西晋著名诗人，与兄张载、弟张亢并称"三张"。曾为河间内史，晚年隐居不仕，以吟咏自娱，诗歌语言清新，音韵铿锵，成就在潘陆之上，有《张景阳集》传世。传说其兄张载貌丑，外出时顽童常以石掷之，经常"投石满载"，在《幼学琼林》中亦确有"投石满载，张孟阳丑态堪憎"之语。

● 左 思

字太冲，临淄（今山东临淄县）人，西晋著名诗人。出身贫寒，不善交游。其妹左棻被选入宫，遂迁至洛阳，任秘书郎。他用10年时间写成《三都赋》，豪贵之家争相传抄，洛阳为之纸贵。其诗今存仅有14首，《咏史》等8首艺术成就最高，笔力遒劲，风格雄健，有《左太冲集》传世。

● 陶渊明

字元亮，号五柳先生，谥号靖节先生，入刘宋后改名潜，浔阳柴桑（今江西省九江市）人，东晋末期、南朝宋初期诗人、辞赋家、散文家。曾做过几年小官，后辞官回家，从此隐居。田园生活是陶渊明诗的主要题材，因此后来文学史上称之为"田园诗人"，在魏晋南北朝诗人中，他的成就最高，著名相关作品有《饮酒》《归园田居》《桃花源记》《五柳先生传》《归去来兮辞》《桃花源诗》等。长于诗文辞赋，诗多描绘自然景色及其在农村生活的情景，其中的优秀作品寄寓着对官场与世俗社会的厌倦，表露出洁身自好、不愿曲意逢迎的志趣，也有宣扬"人生无常""乐安天命"等思想。

● 谢灵运

陈郡阳夏（今河南太康县）人，东晋末年、刘宋初年著名诗人。东晋名将谢玄之孙，袭封康乐公。入宋后，降爵为康乐侯，曾任永嘉太守、侍中、临川内史等职，终因反抗刘宋王朝被杀。他是中国山水诗的开创者，是第一个大量创作山水诗的诗人，诗与颜延之齐名，并称"颜谢"，有《谢康乐集》传世。

● 谢

字玄晖，陈郡阳夏（今河南太康县）人，南朝著名诗人。出身贵族，初任南齐诸王幕下参军、功曹、文学等职，后为宣城太守、尚书吏部郎，被人诬陷，下狱死。谢朓是南齐永明体诗的代表作家，他和沈约、王融等人根据汉语的四声研究诗歌中的声、韵、调配合问题，提出"八病"之说，开创永明体，对近体诗的发展作出了贡献。他在诗歌创作上的主要成就是发展了山水诗，其山水诗与谢灵运齐名，世称"二谢"，又因谢灵运与谢朓同宗，故又称"大小谢"，谢灵运为"大谢"。谢朓的诗不仅影响了唐代诗人，而且影响了一代诗风，今存诗二百余首。

● 鲍　照

字明远，东海（今江苏涟水县）人，南朝著名诗人。出身贫寒，曾从事农耕，后为临海王萧子顼前军参军，萧子顼作乱，鲍照被乱兵所杀。他的诗歌多写怀才不遇之感。擅长七言歌行，感情奔放，语言劲拔，对七言诗的发展有显著贡献，《芜城赋》为名作，有《鲍参军集注》传世。

● 郦道元

字善长，范阳涿鹿（今河北涿县）人，北朝著名文学家。性好学，历览奇书，仕北魏，任安南将军御史中尉，后出为关右大使。时萧宝夤谋反，遣将将郦道元杀害。所撰《水经注》一书，是一部具有很高文学性、科学性的地理著作，名义上是注释《水经》，实际上是在《水经》基础上的再创作。全书记述了1252条河流及有关的历史遗迹、人物掌故、神话传说等，比原著增加了近千条，文字增加了二十多倍，内容比《水经》原著要丰富得多，是我国最全面、最系统的综合性地理著作。

● 庾　信

字子山，南阳新野（今河南新野县）人，南北朝著名诗人。庾信自幼随父亲庾肩吾出入于萧纲的宫廷，后来又与徐陵一起任萧纲的东宫学士，成为宫体文学的代表作家，他们的文学风格，也被称为"徐庾体"，有《庾子山集注》传世。

● 初唐四杰

指唐高宗、武则天时期四位著名诗人，即王勃、杨炯、卢照邻、骆宾王。他们以文章齐名天下，又才高而位卑。四杰的诗文主要指骈文和赋。四杰的诗文虽未脱齐梁以来绮丽余习，但已初步扭转文学风气。他们的诗歌，从宫廷走向社会，题材较为广泛，风格也较清峻。卢、骆的七言歌行趋向辞赋化，气势稍壮，王、杨的五言律绝开始规范化，音调铿锵。骈文也在辞采赡富中寓有灵活、生动之气。

● 王　勃

字子安，绛州龙门（今山西河津县）人，唐朝著名诗人。王勃与于龙以诗文齐名，并称"王于"，亦称"初唐二杰"，王勃也与杨炯、卢照邻、骆宾王齐名，齐称"初唐四杰"，其中王勃是"初唐四杰"之冠。王勃诗文俱佳，五言律诗《送杜少府之任蜀州》，成为中国诗歌史上的杰作，久为人们所传诵，"海内存知己，天涯若比邻"已成为千古名句，至今常被人们引用。王勃最为人所称道、千百年来被传为佳话的，是他在滕王阁即席所赋《滕王阁序》。王勃的诗今存八十多首，赋和序、表、碑、颂等文今存九十多篇。

● 陈子昂

字伯玉，梓州射洪（今四川射洪县）人，因曾任右拾遗，后世称为陈拾遗，唐朝著名诗人。针对初唐的浮艳诗风，力主恢复汉魏风骨，反对齐、梁以来的形式主义文风，他自己的创作，如《登幽州台歌》《感遇》等共38首诗，风格朴质、明朗，格调苍凉、激越，标志着初唐诗风的转变，有《陈伯玉集》传世。

● 王之涣

字季凌，绛郡（今山西绛县）人，唐朝著名诗人。其诗用词十分朴实，造境极为深远，令人裏身诗中，回味无穷。诗多散佚，仅存六首，其中《登鹳雀楼》《凉州词二首》（其一）和《送别》三首皆著名，尤以前两首最为脍炙人口，可谓"蟠发垂髫，皆能吟诵"，诗中的"欲穷千里目，更上一层楼"和"黄河远上白云间，一片孤城万仞山"都是流传千古的佳句。

● 孟浩然

本名浩，字浩然，世称"孟襄阳"，襄阳（今湖北襄樊市）人，唐朝著名诗人。少时隐居鹿门山，一生未做过官，曾入京求仕，失意而归，后为荆州长史张九龄从事，寻归隐，病疽而卒。以写田园山水诗为主，与另一位山水田园诗人王维合称"王孟"。他善于发掘自然和生活之美，即景会心，写出一时真切的感受，如《秋登万山寄张五》《夏日南亭怀辛大》《过故人庄》《春晓》《宿建德江》《夜归鹿门歌》等，浑然天成，而意境清迥，韵致流溢，有《孟浩然集》传世。

● 王昌龄

字少伯，京兆长安（今陕西西安市）人，唐朝著名诗人，被称为

"诗家天子王江宁"，擅长七言绝句，被后世称为"七绝圣手"。其诗作《出塞》《从军行》《长信秋词》《西宫春怨》《闺怨》《采莲曲》《芙蓉楼送辛渐》为千古名作，存诗一百七十余首。

● 李 白

字太白，号青莲居士，人称"谪仙人"，祖籍陇西成纪（今甘肃省天水市），生于中亚西域的碎叶城（在今吉尔吉斯斯坦首都比什凯克以东的托克马克市附近），唐朝伟大的浪漫主义诗人，被后人称为"诗仙"，与杜甫并称为"李杜"。他的一生，绝大部分在漫游中度过，其诗以抒情为主。屈原之后，李白第一个真正能够广泛地从当时的民间文艺和秦、汉、魏以来的乐府民歌吸取丰富营养，集中提高而形成他的独特风貌。他具有超乎寻常的艺术天才和磅礴雄伟的艺术力量。一切可惊可喜、令人兴奋、发人深思的现象，无不尽归笔底。韩愈云："李杜文章在，光焰万丈长。"唐玄宗御封李白的诗歌、裴旻的剑舞、张旭的草书为"三绝"，有《李太白集》传世。

● 杜 甫

字子美，自号少陵野老，世称杜少陵、杜工部，河南巩县（今河南巩义）人，原籍湖北襄阳，唐朝伟大的现实主义诗人，被后人称为"诗圣"，与李白并称"李杜"。杜甫曾任左拾遗、检校工部员外郎，因此后世称其杜工部。以古体、律诗见长，风格多样，以"沉郁顿挫"四字可以准确概括出其作品的风格，而以沉郁为主。杜甫生活在唐朝由盛转衰的历史时期，其诗多涉笔社会动荡、政治黑暗、人民疾苦，因此其诗被誉为"诗史"。杜甫一生写诗一千四百多首，其中很多是传诵千古的名篇，如"三吏"（《石壕吏》《新安吏》《潼关吏》）、"三别"（《新婚别》《无家别》《垂老别》）。杜甫的诗篇流传是唐诗里最多且最广泛的，对后世影响深远，有《杜工部集》传世。

● 王 维

字摩诘，太原祁（山西祁县）人，唐朝著名诗人。现存诗作近四百首，其中最能代表其创作特色的是描绘山水田园等自然风景及歌咏隐居生活的诗篇。王维描绘自然风景的高度成就，使他在盛唐诗坛独树一帜，成为山水田园诗派的代表人物。晚年无心仕途，专诚奉佛，故后世人称其为"诗佛"。一些赠送亲友和描写日常生活的抒情小诗,如《送别》《临高台送黎拾遗》《送元二使安西》《送沈子福归江东》《九月九日忆山东兄弟》《相思》《杂诗》等千百年来广为传诵,《送元二使安西》《相思》等在当时即谱为乐曲,广为传唱。这些小诗都是五言或七言绝句,可与李白、王昌龄的绝句比美,代表了盛唐绝句的最高成就,有《王右丞集》传世。

● 高 适

字达夫,渤海蓨(今河北景县)人,世称"高常侍",唐朝著名的边塞诗人,与岑参并称"高岑"。早年曾游历长安,后到过蓟门、卢龙一带,寻求进身之路,都没有成功。安史乱后,曾任淮南节度使、彭州刺史、蜀州刺史、剑南节度使等职,官至渤海县侯。其诗直抒胸臆,不尚雕饰,以七言歌行最富特色,大多写边塞生活,有《高常侍集》传世。

● 崔 颢

汴州(今河南开封市)人,唐朝著名诗人。以才名著称,早年为诗,情志浮艳,后来游览山川,经历边塞,视野大开,风格一变而为雄浑自然,尤以《黄鹤楼》一诗最为著名。《唐诗三百首》是后人对唐诗的选集,就把崔颢这首诗列为七律诗中的第一首,可见对此诗的器重。元人辛文房《唐才子传》记李白登黄鹤楼本欲赋诗,因见崔颢此作,为之敛手说:"眼前有景道不得,崔颢题诗在上头。"有《崔颢集》传世。

● 岑 参

南阳(今河南南阳市)人,唐朝著名的边塞诗人。岑参的诗长于七言,想象丰富,意境新奇,气势磅礴,风格奇峭,辞采瑰丽,具有浪漫主义特色。宋朝著名诗人陆游曾称赞说:"以为太白、子美之后一人而已。"影响最大的诗作是《轮台歌奉送封大夫出师西征》《走马川行奉送出师西征》《白雪歌送武判官归京》,有《岑嘉州集》传世。

● 元 结

字次山,号漫郎、聱叟,曾避难入猗玕洞,因号猗玕子,河南鲁山(今河南鲁山县)人,唐朝著名诗人、散文家。曾参与抗击史思明叛军,立有战功，后任道州刺史。为诗注重反映政治现实和人民疾苦，所作《舂陵行》《贼退示官吏》等，曾受杜甫推崇。散文亦多涉及时政，风格古朴。明人辑有《元次山文集》。

● 张志和

字子同，初名龟龄，后由唐肃宗赐名"志和"，自称"烟波钓徒"，又号"玄真子"，唐代和尚，著名词人和诗人，婺州金华（今浙江金华县）人。张志和博学多才，歌、词、诗、画俱佳。酒酣耳热，或击鼓吹笛，或吟诗作画，顷刻即成。曾在颜真卿席间与众客唱和渔夫词，张志和首唱："西塞山前白鹭飞，桃花流水鳜鱼肥。青箬笠，绿蓑衣，斜风细雨不须归。"颜真卿、陆羽、徐士衡、李成矩等共和25首。张志和又剪素写景，很短时间即成五本，人物、舟船、鸟兽、烟波风月，皆依文章，曲尽其妙。今有《渔歌子》五首词传世。

● 韦应物

京兆万年（今陕西西安市）人，世称韦江州、韦左司或韦苏州，唐朝杰出诗人。以山水田园诗著称，与王维、孟浩然、柳宗元并称。他的诗歌风格秀朗，自成一家。代表作有《观田家》等，《滁州西涧》的"春潮带雨晚来急，野渡无人舟自横"一句，写景如画，为后世称许。有《韦苏州集》传世。

● 孟　郊

字东野，湖州武康（今浙江德清县）人，唐朝著名诗人。一生仕途不得意，46岁中进士。其诗风极为韩愈推重，世称"韩孟"，多写坎坷不遇之情。抑郁愁苦，读之惨戚寡欢，后人称之为"诗囚"。现存诗歌五百多首，短篇的五言古诗最多，没有一首律诗，代表作是《游子吟》，有《孟东野集》传世。

● 韩　愈

字退之，河内河阳（河南孟县）人，祖籍河北昌黎，世称韩昌黎，晚年任吏部侍郎，又称韩吏部，谥号"文"，又称韩文公，唐朝杰出诗人、散文家、思想家。他与柳宗元同为唐代古文运动的倡导者，主张学习先秦两汉的散文语言，破骈为散，扩大文言文的表达功能。宋朝的苏轼称他"文起八代之衰"，明人推他为唐宋八大家之首，与柳宗元并称"韩柳"，有"文章巨公"和"百代文宗"之称，作品都收在《昌黎先生集》中。韩愈是一个语言巨匠，创造出许多新的语句，其中有不少已成为成语流传至今，如"落井下石""动辄得咎""杂乱无章"等。

● 柳宗元

字子厚，河东（今山西永济县）人，唐朝杰出诗人、散文家、思想家。柳宗元一生留有诗文作品达六百余篇，其文的成就大于诗。骈文有近百篇，散文论说性强，笔锋犀利，讽刺辛辣，富于战斗性，游记写景状物，多所寄托。其最著名的散文是《永州八记》（《始得西山宴游记》《钴鉧潭记》《钴鉧潭西小丘记》《小石潭记》《袁家渴记》《石渠记》《石涧记》《小石城山记》）。柳宗元的作品由唐朝的刘禹锡保存下来，并编成集，有《柳河东集》传世。

● 白居易

字乐天，晚年长期居住在洛阳香山，号"香山居士"，下邽（今陕西渭南县）人，中国文学史上负有盛名且影响深远的唐朝诗人和文学家，有"诗魔"和"诗王"之称，他的诗在中国、日本和朝鲜等国有广泛影响，与元稹共同发起了"新乐府运动"，世称"元白"。主要作品有《长恨歌》《琵琶行》《赋得古原草送别》《钱塘湖春行》《暮江吟》《忆江南》《大林寺桃花》《同李十一醉忆元九》《直中书省》《长相思》《题岳阳楼》《观刈麦》《宫词》《问刘十九》《买花》《自河南经乱关内阻饥兄弟离散各在一处因望》，有《白氏长庆集》传世。

● 刘禹锡

字梦得，世称"刘宾客"，晚年自号"庐山人"，洛阳（河南洛阳市）人，唐朝中期诗人、文学家、哲学家、政治家，有"诗豪"之称。其诗现存八百余首，词作存四十余首，具有民歌特色。在洛阳时，与白居易共创"忆江南"词牌。早年与柳宗元齐名，世称"刘柳"，晚年与白居易唱和，世称"刘白"，有《刘梦得文集》（又称《刘中山集》）传世。

● 李 绅

字公重，无锡（今江苏无锡）人，唐朝诗人。与元稹、白居易为诗友。其诗浅显通俗，《悯农》二首是代表作。其《新题乐府》20首，是中唐较早的新乐府诗，已失传。

● 元 稹

字微之，洛阳人，唐朝杰出诗人、小说家。元稹的创作以诗成就最大，存诗八百三十多首，与白居易齐名，并称"元白"，同为新乐府运动倡导者，有《元氏长庆集》传世。其诗最具特色的是为纪念其妻韦丛而作的悼亡诗，《遣悲怀三首》流传最广。《离思五首》（其四）中"曾经沧海难为水，除却巫山不是云"的诗句成为千古绝唱。其传奇《莺莺传》（又名《会真记》）叙述张生与崔莺莺的爱情悲剧故事，文笔优美，刻画细致，为唐人传奇中之名篇。

● 李商隐

字义山，号玉溪生，又号樊南生、樊南子，怀州河内（今河南沁阳县）人，晚唐著名诗人。擅长骈文写作，诗作文学价值也很高，与杜牧合称"小李杜"，与温庭筠合称为"温李"，因诗文与同时期的段成式、温庭筠风格相近，且三人都在家族里排行第十六，故并称为"三十六体"。其诗构思新奇，风格绮丽，尤其是一些爱情诗写得缠绵悱恻，为人传诵。李商隐以无题诗著名，根据《李商隐诗歌集解》里所收诗歌的统计，基本可以确认诗人写作时即以《无题》命名的共有15首。有《李义山诗集》传世。

● 李 贺

字长吉，昌谷（今河南宜阳县）人，唐朝杰出诗人。唐朝皇室远裔，因避父名讳，未应进士举，曾任奉礼郎，困顿不得意，郁郁而死，年仅27岁。其诗富于浪漫色彩，想象奇诡，辞藻华美，色彩浓艳，某些诗情调凄冷，人称"诗鬼"，有《昌谷集》传世。

● 杜 牧

字牧之，号樊川居士，人称"小杜"，以别于杜甫，与李商隐并称"小李杜"，京兆万年（今陕西西安市）人，晚唐杰出诗人、文学家。其文学创作有多方面的成就，诗、赋、古文都堪称名家，尤以七言绝句著称，擅长文赋，其《阿房宫赋》为后世传诵。注重军事，写下了不少军事论文，还曾注释《孙子》，有《樊川文集》传世。

● 温庭筠

本名岐，字飞卿，太原（山西太原市）人，唐朝著名诗人、词人。作为晚唐著名诗人，温庭筠诗词俱佳，以词著称。温庭筠诗词在艺术上有独到之处，历代诗论家对温庭筠诗词评价甚高，被誉为花间派鼻祖。《花间集》收温词最多达66首，可以说温庭筠是第一位专力填词的诗人。词这种文学形式，到了温庭筠手里才真正被人们重视起来，随后五代与宋代的词人竞相为之，终于使词在中国古代文坛上蔚为大观，至今仍然有着极广泛的影响。

● 李 煜

字重光，初名从嘉，号钟隐、莲峰居士，陇西成纪（今甘肃静宁）人。五代十国时南唐国君，史称李后主，国破降宋，后为宋太宗毒死。李煜精书法，善绘画，通音律，诗和文均有一定造诣，尤以词的成就最高。内容主要可分为两类：第一类为降宋之前所写的，主要反映宫廷生活和男女情爱，题材较窄；第二类为降宋后，因亡国的深痛，对往事的追忆，这一时期的作品成就远远超过前期，千古杰作《虞美人》《浪淘沙》《乌夜啼》皆成于此时。李煜在中国词史上占有重要的地位，被称为"千古词帝"。他继承了晚唐以来花间派词人的传统，但又通过具体可感的个性形象，反映现实生活中具有一般意义的某种意境，扩大了词的表现领域。其词主要收集在《南唐二主词》（其中有其父李璟之作）中。

● 唐宋古文八大家

指唐宋两代八位成就卓越的古文创作大家，即唐朝的韩愈、柳宗元，宋朝的欧阳修、王安石、苏洵、苏轼、苏辙、曾巩。八大家之称源于明朝茅坤选的《唐宋八大家文钞》。

● 柳 永

字耆卿，原名三变，后改名永，排行第七，又称柳七，北宋著名词人，婉约派最具代表性的人物之一。宋仁宗朝进士，官至屯田员外郎，故世称柳屯田。他自称"奉旨填词柳三变"，以毕生精力作词，并以"白衣卿相"自许。柳永发展了词体，留存二百多首词，所用词调竟有150个之多，并大部分为前所未见的、以旧腔改造或自制的新调，又十之七八为长调慢词，对词的解放与进步作出了巨大贡献。代表作是《雨霖铃》《八声甘州》，有《乐章集》传世。

● 范仲淹

字希文，吴县（江苏苏州市）人。北宋杰出的政治家、军事家、文学家。举进士，曾镇守西北边疆，在政治上主张改革，官至枢密副使、参知政事，谥文正。他工于诗词、散文，所作文章富政治内容，文辞秀美，气度豁达。其词《渔家傲》，沉雄苍凉，开豪放之先河。《岳阳楼记》一文中的"先天下之忧而忧，后天下之乐而乐"两句为千古佳句，他倡导的这种"先忧后乐"思想和仁人志士节操，是中华文明史上闪烁异彩的精神财富，朱熹称他为"有史以来天地间第一流人物"。有《范文正公集》传世。

● 晏　殊

字同叔，临川（今江西抚州市）人，北宋著名词人、诗人。14岁以神童入试，赐同进士出身。晏殊历任要职，并提拔后进，如范仲淹、韩琦、欧阳修等，皆出其门。他以词著于文坛，尤擅小令，有《珠玉词》一百三十余首，风格含蓄婉丽，多表现诗酒生活和悠闲情致，与欧阳修并称"晏欧"。其代表作为《浣溪沙》《蝶恋花》《踏莎行》《破阵子》《鹊踏枝》等，其中《浣溪沙》中"无可奈何花落去，似曾相识燕归来"为千古传诵的名句。

● 欧阳修

字永叔，自号醉翁，晚年号六一居士，谥号文忠，世称欧阳文忠公，吉州永丰（江西永丰县）人，自称庐陵人，北宋政治家、文学家、史学家和诗人，"唐宋八大家"之一。他是北宋诗文革新运动的领导者，喜奖掖后进，苏轼兄弟及曾巩、王安石皆出其门下。其诗、词、散文均为一时之冠。有《欧阳文忠公文集》传世。

● 曾　巩

字子固，南丰（江西南丰县）人，北宋政治家、文学家、散文家。

曾巩作为"唐宋八大家"之一，有《元丰类稿》和《隆平集》传世，从他传世的文集来看，他的兴趣主要在于史传、策论一类的应用文。尤其是他从事史书编纂工作多年，对史传碑志的写作较有研究。对他有关应用文的理论进行研究和总结，对现代应用文的发展不无指导意义。

● 苏 轼

字子瞻，又字和仲，号"东坡居士"，世人称其为"苏东坡"，眉州（今四川眉山，北宋时为眉山城）人，北宋著名文学家、书画家、诗人，豪放派词人代表。他与父亲苏洵、弟弟苏辙皆以文学著称，世称"三苏"。苏轼是继欧阳修之后主持北宋文坛的领袖人物。作为杰出的词人，他开辟了豪放词风，同杰出词人辛弃疾并称为"苏辛"。在诗歌上，与黄庭坚并称"苏黄"。在书法方面成就极大，与黄庭坚、米芾、蔡襄并称"宋四家"。

● 黄庭坚

字鲁直，号山谷道人，分宁（今江西修水）人。北宋诗人、词人、书法家，擅文章、诗词，尤工书法。黄庭坚是"苏门四学士"之一，其诗力摈轻俗之习，开一代风气，为江西诗派的开山鼻祖。词与秦观齐名，词风流宕豪迈，接近于苏轼。有《山谷琴趣外篇》《豫章黄先生词》《豫章黄先生文集》传世。

● 秦 观

字少游，一字太虚，号淮海居士，扬州高邮（今江苏高邮）人，北宋杰出词人、文学家。他是北宋后期著名婉约派词人，"苏门四学士"之一，其词大多描写男女情爱和抒发仕途失意的哀怨，文字工巧精细，音律谐美，情韵兼胜，历来词誉甚高。代表作为《鹊桥仙·纤云弄巧》《望海潮·梅英疏淡》《满庭芳·山抹微云》等。《鹊桥仙·纤云弄巧》中"两情若是久长时，又岂在朝朝暮暮"被誉为"化腐朽为神奇"的名句（见《蓼园词选》）。《满庭芳·山抹微云》中的"斜阳外，寒鸦数点，流水绕孤村"被称作"天生的好言语"（《能改斋漫录》，引晁补之语）。著有《淮海集》40卷、《淮海词》（又名《淮海居士长短句》）、《劝善录》《逆旅集》，辑《扬州诗》《高邮诗》，所作《蚕书》是我国现存最早的一部蚕桑专著。

● 周邦彦

字美成，号清真居士，钱塘（今杭州）人。北宋著名词人。诗词文赋，无所不擅，但为词名所掩，诗文多零落不传。其中《汴都赋》为成名之作，长7000字，流传至今。古体诗《天赐白》《过羊角哀左伯桃墓》，风骨凛然。词作多写闺情、羁旅，也有咏物之作，格律谨严，语言曲丽精雅。长调尤善铺叙，为后来格律派词人所宗，旧时词论称之为"词家之冠"。他被尊为婉约派的集大成者和格律派的创始人，开南宋姜夔、吴文英格律词派先河。有《清真居士集》传世，后人改名为《片玉集》。

● 李清照

号易安居士，济南人。宋朝杰出女词人、诗人、文学家。前期生活安定优裕，父亲李格非曾为宰相，丈夫赵明诚历任地方官，收集大量金石书画，共同研究。南渡不久，丈夫病死，精神上受到打击，后期备受颠沛流离之苦，于孤寂中度过晚年。她是中国古代第一位女词人，亦称"一代词宗"，其词被后人称为"易安体"。李词有两大特点，一是以其女性身份和特殊经历写词，扩大了传统婉约词的情感深度和思想内涵；二是善于从书面语言和日常口语中提炼出生动、晓畅的语言，构成浑然一体的境界。有《漱玉集》《词论》《金石录》传世。

● 陆　游

字务观，号放翁，越州山阴（今浙江绍兴市）人，南宋伟大的爱国诗人、词人。陆游具有多方面文学才能，尤以诗的成就为最高，12岁即能诗文，有《剑南诗稿》《渭南文集》等数十个文集存世，自言"六十年间万首诗"，今尚存九千三百余首，是我国现有存诗最多的诗人，生前即有"小李白"之称。词作量不如诗篇巨大，存词一百三十余首，其名句"山重水复疑无路，柳暗花明又一村""小楼一夜听春雨，深巷明朝卖杏花"等一直被广为传诵。

● 范成大

字致能，号石湖居士，吴郡（今江苏苏州市）人，南宋杰出诗人。他与尤袤、杨万里、陆游齐名，号称"中兴四大诗人"。继承了白居易、王建、张籍等诗人新乐府的现实主义精神，终于自成一家，诗作风格平易浅显、清新妩媚，诗题材广泛，以反映农村社会生活内容的作品成就为最高。有《石湖居士诗集》《石湖词》传世。

● 杨万里

字廷秀，号诚斋，吉水（今江西吉水县）人，南宋杰出诗人。杨万里初学江西诗派，在字句韵律上着意，50岁以后诗风转变，由师法前人到师法自然，形成独具特色的"诚斋体"。"诚斋体"讲究所谓"活法"，即善于捕捉稍纵即逝的情趣，用幽默诙谐、平易浅近的语言表达出来。今存诗作四千二百余首，不少是抒发爱国情思之作，有《诚斋集》传世。

● 辛弃疾

原字坦夫，改字幼安，号稼轩，历城（今山东历城县）人，南宋伟大的豪放派词人、军事家和政治家，与苏轼齐名，号称"苏辛"，与李清照一起并称"济南二安"。其词热情洋溢，慷慨悲壮。笔力雄厚，艺术风格多样，而以豪放为主，其独特的词作风格被称为"稼轩体"，有《稼轩长短句》传世，今人辑有《辛稼轩诗文钞存》。

● 姜 夔

字尧章，号白石道人，江西鄱阳人，南宋著名词人。今存词八十多首，多为记游、咏物和抒写个人身世、离别相思之作，偶然也流露出对于时事的感慨。其词情意真挚，格律严密，语言华美，风格清幽冷隽。代表作为《暗香》《疏影》，借咏叹梅花，感伤身世，抒发郁郁不平之情。其《扬州慢》（淮左名都）是较有现实内容之作，它通过描绘金兵洗劫后扬州的残破景象，表现对南宋衰亡局面的伤悼和对金兵暴行的憎恨。词中"二十四桥仍在，波心荡、冷月无声。念桥边红药，年年知为谁生"几句颇受人们称道。有《姜白石编年笺注》传世。

● 吴文英

字君特，号梦窗，晚号觉翁，四明（今浙江鄞县）人，南宋著名词人。在南宋词坛，吴文英是作品数量较多的词人，其《梦窗词》有三百四十余首，在数量上除辛弃疾外无人与之抗衡。虽然吴文英因与奸相贾似道关系亲密而受到人们的抨击，但是客观地讲，吴文英的词善用典故，体物入微，遣词清丽。

● 元好问

字裕之，号遗山山人，太原秀容（今山西忻县）人，金国著名诗人、词人、文学批评家。他是我国金末元初最有成就的作家和历史学家，是宋金对峙时期北方文学的主要代表，又是金元之际在文学上承前启后的桥梁，被尊为"北方文雄""一代文宗"。其诗、文、词、曲，各体皆工，诗作成就最高，"丧乱诗"尤为有名，词为金国一朝之冠，可与两宋名家媲美，散曲虽传世不多，但在当时影响很大，有倡导之功。著有《元遗山先生全集》，词集为《遗山乐府》，辑有《中州集》，保存了大量金国文学作品。

● 关汉卿

号已斋（一作一斋）、已斋叟，大都（今北京）人，中国古代戏曲创作的代表人物，"元曲四大家"之首。《录鬼簿》吊词称他为"驱梨园领袖，总编修师首，捻杂剧班头"。关汉卿曾写有《南吕一枝花》赠给女演员朱帘秀，说明他与演员关系密切。他曾毫无惭色地自称："我是个普天下的郎君领袖，盖世界浪子班头。"在《南吕一枝花·不伏老》结尾一段，更狂傲、倔强地表示："我是个蒸不烂、煮不熟、捶不扁、炒不爆、响珰珰一粒铜豌豆。"关汉卿编有杂剧67部，现存18部，其中《窦娥冤》《救风尘》《望江亭》《拜月亭》《鲁斋郎》《单刀会》《调风月》等是代表作。

● 白　朴

原名恒，字仁甫，后改名朴，字太素，号兰谷，元朝杰出戏曲家。曾受业于元好问，不屑于仕途，在大都曾与关汉卿一起参加玉京书会。他与关汉卿、王实甫、马致远并称 "元曲四大家"。据《录鬼簿》著录，白朴写过15种剧本，加上《盛世新声》著录的《李克用箭射双雕》残折，共16本，现在仅存《唐明皇秋夜梧桐雨》《董秀英花月东墙记》《裴少俊墙头马上》以及《韩翠颦御水流红叶》《李克用箭射双雕》的残折，均收入王文才《白朴戏曲集校注》一书中。

● 马致远

号东篱，大都（今北京）人，元朝杰出戏剧家、散曲家。现存杂剧

6种，代表作有《汉宫秋》，曲词华美，富于表现力，有散曲集《东篱乐府》。马致远散曲颇负盛名，有"曲状元"之称，《天净沙·秋思》是其小令的代表作。

● 纪君祥

大都（今北京）人，生平事迹不详，现存剧作仅一种，即《赵氏孤儿》。《赵氏孤儿》与《窦娥冤》合称元曲两大悲剧，这部戏剧是最早介绍到国外去的中国古典戏剧。

● 王　冕

字元章，号煮石山农，诸暨（今浙江诸暨县）人，元朝著名诗人、画家。幼年家贫，牧牛自学，屡试不第。他工诗善画，诗歌质朴自然，多写隐居生活，也有某些作品反映现实，有《竹斋集》传世。

● 宋　濂

字景濂，号潜溪，浦江（今浙江义乌）人，明初著名散文家。元朝末年归附朱元璋，协助平定天下，官至翰林学士知制诰，因其孙犯罪，贬茂州，病死途中。他的散文成就突出，尤擅长传记散文，名篇有《王冕传》《送东阳马生序》等，文笔简洁，行文善变，有《宋学士文集》传世。

● 刘　基

字伯温，青田（今浙江青田县）人，元末明初著名诗人、散文家。进士，辅助朱元璋建立明王朝，官至御史中丞兼太史令，封诚意伯。后受胡惟庸诬陷，忧愤而死。他的诗慷慨悲凉，现实性较强。散文擅长用寓言，富于形象性，《卖柑者言》是其名篇，有《诚意伯文集》传世。

● 施耐庵

原名彦端，字肇瑞，号子安，别号耐庵，江苏兴化人（一说浙江钱塘人），元末明初文学家。施耐庵博古通今，才华横溢，举凡群经诸子、辞章诗歌，天文、地理、医卜、星象，无不精通。晚年隐居，除了教书以外，还与弟子罗贯中一起研究《三国演义》《三遂平妖转》的创作，搜集、整理关于梁山泊宋江等英雄人物的故事，为撰写《江湖豪客传》

准备素材。《江湖豪客传》成书后，定名为《水浒传》。

● 罗贯中

名本，字贯中，号湖海散人，钱塘（今浙江杭州）人或庐陵（今江西吉安）人，元末明初著名小说家、戏曲家，中国章回小说的鼻祖。罗贯中的一生著作颇丰，主要作品有：剧本《赵太祖龙虎风云会》《忠正孝子连环谏》《三平章死哭蜚虎子》；小说《隋唐两朝志传》《残唐五代史演义》《三遂平妖传》《粉妆楼》，最有代表性的作品是《三国演义》（全称《三国志通俗演义》）。

● 高　启

字季迪，元末曾隐居吴淞江畔的青丘，因此自号青丘子，长洲（今江苏苏州）人，明朝著名诗人、散文家。明初受诏入朝修《元史》，后被明太祖朱元璋借苏州知府魏观一案腰斩于南京。高启为明初著名诗人，与杨基、张羽、徐贲合称"吴中四杰"。其诗雄健有力，富有才情，开始改变元末以来缛丽的诗风。有诗集《高太史大全集》、文集《凫藻集》、词集《扣舷集》传世。

● 前七子

明朝弘治、正德年间出现的复古主义诗文流派，代表作家有李梦阳、何景明、徐祯卿、边贡、王廷相、康海、王九思等七人，主张"文必秦汉、诗必盛唐"，作品多模仿古人，成就不高。

● 后七子

明朝嘉靖、万历年间出现的复古流派，代表作家有李攀龙、王世贞、谢榛、宗臣、梁有誉、徐中行、吴国伦等七人，因晚于"前七子"，故名"后七子"。他们反对台阁体，主张摹拟秦汉、盛唐诗文，走上拟古的死胡同。

● 吴承恩

字汝忠，号射阳山人，山阳（今江苏淮安）人，明朝杰出小说家。自幼喜爱神话故事。43岁才补贡生。54岁任浙江长兴县丞，晚年补荆府纪善。仕途的困顿和生活的艰苦，使他认识到封建社会的黑暗。晚年闭门著述，在前人作品和民间传说的基础上创作了神魔小说《西游记》。

● 汤显祖

字义仍，号若士，又号清远道人，临川（今江西临川县）人，明朝最杰出的戏剧家。他的主要成就在戏剧，所作《牡丹亭》《紫钗记》《邯郸记》《南柯记》合称"临川四梦"，其中《牡丹亭》影响最大，与《西厢记》《窦娥冤》《长生殿》（另一说是《西厢记》《牡丹亭》《长生殿》和《桃花扇》）并称中国四大古典戏剧。

● 袁宏道

字中郎，号石公，公安（今湖北公安县）人，明朝著名文学家。与兄袁宗道、弟袁中道同为"公安派"的代表作家，时称"三袁"。他的散文成就最突出，反对"后七子"复古思潮，主张"独抒性灵，不拘格套"，其作品清新明快，小品文佳作尤多，卷舒自如，飘逸秀美，有《袁中郎全集》传世。

● 冯梦龙

字优龙，别号龙子犹、墨憨斋主人、吴下词奴、姑苏词奴、前周柱史等，长州（今江苏吴县）人，明朝文学家、戏剧家。曾任寿宁知县，参加过抗清活动，后死于故乡。冯梦龙以其对小说、戏曲、民歌、笑话等通俗文学的创作、搜集、整理、编辑，为我国文学作出了独特的贡献，编有话本集《喻世明言》《警世通言》和《醒世恒言》，世称"三言"，而《智囊》《古今谈概》《情史》三部书是冯梦龙在"三言"之外的又一个"三部曲"系列的小说类书。

● 凌蒙初

字玄房，号初成，别名即空观主人，明朝小说家。崇祯初年，授上海县丞，官至徐州通判，仇视当时李自成领导的农民起义军，曾献《剿寇十策》，后为起义军所困，呕血而死。编著短篇小说集《初刻拍案惊奇》《二刻拍案惊奇》，后人称为"二拍"，另编有《南音三籁》。

● 吴伟业

字骏公，号梅村，太仓（今江苏太仓县）人，明末清初著名诗人。

与钱谦益、龚鼎孳并称"江左三大家"，又是娄东诗派开创者。诗以宗法唐人为主，兼取宋代苏轼、陆游。他的七言诗极为出色，其中如《圆圆曲》讽刺吴三桂降清，《永和宫词》《萧史青门曲》写田妃、公主的身世遭遇，《楚两生行》《听女道士卞玉京弹琴歌》写艺人的飘零沦落，《临江参军行》颂扬抗清将领，《松山哀》讽刺洪承畴降清，其诗有"诗史"之称。有《梅村家藏稿》传世。

● 纳兰性德

原名成德，字容若，号楞伽山人，清初著名词人。祖先为蒙古土默特氏，征服满洲那拉氏，改姓"纳兰"，划入女真部族，后为满洲正黄旗。纳兰性德以词闻名，现存349首，词风哀婉，有南唐后主遗风，悼亡词情真意切，痛彻肺腑，令人不忍卒读，王国维有评："北宋以来，一人而已。"《纳兰词》传至国外，朝鲜人谓之："谁料晓风残月后，而今重见柳屯田。"

● 方 苞

字凤九，号灵皋，又号望溪，桐城（今安徽桐城县）人，清朝著名散文家。康熙年间进士，官至礼部右侍郎。他是桐城派的创始人，其散文讲究"义""法"，叙事简洁、生动，影响较大，有《望溪文集》传世。

● 曹雪芹

名霑，字梦阮，号雪芹、芹圃、芹溪，满洲正白旗"包衣"人，清朝著名小说家。自曾祖起，三代任江宁织造，雍正初年，在统治阶级内部政治斗争的牵连下，其父被免职，家产被抄，遂举家迁居北京。因家道衰落，生活贫困，晚年居北京西郊，贫病而死。以10年时间完成《红楼梦》的创作。

● 袁 枚

字子才，号简斋，又号随园老人，钱塘（今浙江杭州市）人，清朝著名诗人、诗歌评论家。乾隆间进士，曾任江宁等地知县，后辞官归隐。他的诗文著述颇多，论诗主张抒写性灵，诗歌语言新颖，想象丰富，有《小仓山房诗文集》《随园诗话》传世。

● 姚 鼐

字姬传，号惜抱，桐城（今安徽桐城县）人，清朝著名散文家。乾隆间进士，官至刑部郎中，辞官后讲学数十年。他是桐城派重要作家，其散文风格简洁、严整，注重形式与技巧，对后代散文影响很大，有《惜抱轩全集》传世。

● 龚自珍

又名巩祚，字璱人，号定盦，仁和（今浙江杭州市）人，清末著名思想家、诗人、散文家。道光进士，官至礼部主事，后辞官归隐。他的诗歌反映了鸦片战争前夕黑暗的社会现实，渴望变革，追求理想，语言瑰丽清奇，别开生面，散文纵横奇诡，对近代文学影响很大，有《定盦全集》传世。

● 《盘古开天地》

上古神话。盘古生于天地混沌中，后来天地开辟，天每日增高一丈，地每日加厚一丈，他也每日生长一丈，经过一万八千年，天就极高，地就极厚。他死后，身体各个部分变成日月、星辰、高山、河流、草木等。盘古是中国古代传说时期开天辟地的神，最早见于三国时徐整所著《三五历纪》，其后梁任昉撰的《述异记》称盘古身体化为天地各物，《五运历年纪》及《古小说钩沉》辑的《玄中记》亦有类似记载。

● 《女娲补天》

上古神话，载《淮南子·览冥训》。古时候，支撑苍天的四根柱子断了，天下的土地出现了裂缝，天象异常，地震频繁，火焰燃烧，无法熄灭，水灾浩荡，无法止住，凶猛的野兽和禽鸟以人为食。于是，女娲烧炼了五色彩石修补苍天，割下一只大鳌的脚作为四根柱子来支撑天地，杀死黑色的龙来安抚北边的土地，烧出芦灰来堵住肆虐的洪水。苍天被补上了，四根天柱也得以安放，肆虐的洪水被止住，北边的土地平定，凶猛的野兽死了，百姓得以安生。女娲劳苦功高，在西汉的《运斗枢元命苞》中，女娲与她的哥哥伏羲、尝百草救人无数的神农被列为中华民族人始之初的"三皇"。

● 《夸父逐日》

上古神话，载《山海经·海外北经》和《山海经·大荒北经》。夸父是古代神话传说中的巨人，是幽冥之神后土的后代，住在北方荒野的山上。他双耳挂两条黄蛇、手拿两条黄蛇，去追赶太阳。当他到达太阳将要落入的禺谷之际，觉得口干舌燥，便去喝黄河和渭河的水，河水被他喝干后，口渴仍没有止住。他想去喝北方大泽的水，还没有赶到，就渴死了。夸父临死时抛掉手里的杖，顿时变成一片鲜果累累的桃林，为后来追求光明的人解除口渴。夸父追日的神话，曲折地反映了远古时代人们与大自然竞争的精神。《山海经》记载这个神话时说他"不量力"，晋朝的陶潜在《读山海经》后所作的诗中却称赞"夸父诞宏志，乃与日竞走"。

● 《精卫填海》

上古神话，载《山海经》。太阳神炎帝的小女儿去东海边玩儿，不慎掉进大海淹死了，死后其灵魂化作一只小鸟，名为"精卫"，花头、白嘴、红足，长得活泼可爱。她恨无情的海涛毁灭了自己，又想到别人也可能会被夺走年轻的生命，因此不断地从西山衔来一条条小树枝、一颗颗小石头，丢进海里，想把大海填平。她无休止地往来飞翔于西山和东海之间。精卫锲而不舍的精神，善良的愿望，宏伟的志向，受到人们的尊敬。晋代诗人陶渊明在诗中写道："精卫衔微木，将以填沧海。"热烈赞扬精卫敢于向大海抗争的悲壮战斗精神，后世人们也常常以"精卫填海"比喻志士仁人所从事的艰巨、卓越的事业。

● 《共工怒触不周山》

上古神话，载《山海经·大荒西经》《淮南子·天文》。颛顼是黄帝的孙子，他聪明敏慧，有智谋，他统治的地域很大，在民众中有很高的威信。与颛顼同时代有个部落领袖，叫作共工氏，共工氏姓姜，是炎帝的后代。他对农耕很重视，尤其重视水利，发明了筑堤蓄水的办法。颛顼部落不赞成共工氏的做法，认为共工氏是不能自作主张的，于是颛顼与共工氏之间发生了一场十分激烈的斗争。共工在大战中惨败，愤怒地撞击不周山，支撑天的柱子折断，拴系地的大绳也断了。结果天向西北方向倾斜，日、月、星辰都向这里移动；地向东南方向下塌，江河流水和泥沙都向这里汇集，人间从此有了大灾害。这个神话反映了远古部族间的斗争，同时涉及古代天文学上的盖天说。

● 《黄帝擒蚩尤》

上古神话，载《山海经·大荒北经》。黄帝是上古帝王轩辕氏的称号，姓公孙，生于轩辕之丘，称为轩辕氏。当时蚩尤暴虐无道，酋长们互相攻击，战乱不已，生灵涂炭，神农氏无可奈何，求助于黄帝。黄帝与蚩尤战于涿鹿，黄帝终擒蚩尤而诛之，诸部落尊之为天子，成为天下的共主，因有土德之瑞，故称为黄帝。不久，天下又出现骚乱。黄帝知道蚩尤的声威还在，于是画了蚩尤的像到处悬挂，天下的人都以为蚩尤未死，只是被黄帝降服，更多的部落都来归附。相传尧、舜、禹、汤等均是他的后裔，因此黄帝被奉为中华民族的始祖。

● 《后羿射日》

上古神话，载《山海经·海内经》《淮南子·本经训》。后羿是一位擅长射箭的天神。尧当皇帝的时候，有十个太阳一齐出现在天空，给人类带来了严重的旱灾。天帝知道这事后，赐给后羿一张红色的弓，十支白色的箭，叫后羿到凡间去解救人民。后羿到了凡间，弯弓搭箭，对准天上的火球射去，只见天空中的火球一个个破裂，满天是流火。站在土坛上看射箭的尧，忽然想到人们不能没有太阳，急忙命人暗中从后羿的箭袋里抽出一支箭，总算剩下一个太阳没被射落。

● 《大禹治水》

上古神话，载《山海经·海内经》。古时候洪水滔天，大地上一片汪洋，人民没有居住的地方。大禹受了天帝的任命，带助手应龙去治理洪水。禹先率领天下群神赶走了兴风作浪的水神共工，随后叫一只大黑龟把息壤驮在背上，跟着自己。息壤是一种神土，只要放在地上就会不断生长，积成山堆。禹一路上用它填平深渊，应龙也在前面开路，用尾巴划地。禹叫人民在应龙尾巴划过的地方挖掘河道，把洪水引导到江海。到了桐柏山，禹设法擒服水怪无支祁。因为治水非常繁忙，禹三次路过家门口都没有进去。禹终于治好了洪水，可是还有别的灾害。有一个蛇身九头的怪物叫"相柳"，一口气要吃九座山上的东西，什么地方只要给他一碰一喷，马上变成水泽，危害百姓，禹就运用神力杀死相柳。这时天下太平，人民安居乐业，禹当了天子。九州的地方官送来许多铜，禹就叫工匠铸成九只宝鼎，鼎上刻绘着各种毒虫害兽和妖魔鬼怪的图像，使人预先对这些东西有所提防。人民感念禹的恩德，就叫宝鼎为"禹鼎"，以后又把"禹鼎"作为辨认奸邪的代名词。

● 《诗经》

中国最早的诗歌总集，收集了从西周初期至春秋中叶大约五百年间的诗歌305篇。先秦称为《诗》，或取其整数称《诗三百》，西汉时被尊为儒家经典，始称《诗经》，并沿用至今，分为风、雅、颂三类。《诗经》以四言为主，兼有杂言。在结构上多采用重章叠句的形式加强抒情效果，每一章只变换几个字，却能收到回旋跌宕的艺术效果。在语言上多采用双声叠韵、叠字连绵词来状物、拟声、穷貌。《诗经》的影响已越出国界而走向世界，日本、朝鲜、越南等国很早就传入汉文版《诗经》，从18世纪开始出现法文、德文、英文、俄文等译本。

● 《论语》

语录体散文集，儒家学派的经典著作之一，大约在战国初年成书。它以语录体和对话文体为主，记录了孔子及其弟子的言行，集中体现了孔子的政治主张、伦理思想、道德观念及教育原则等。与《大学》《中庸》《孟子》《诗》《书》《礼》《易》《春秋》并称"四书五经"。通行本《论语》共20篇。

● 《孟子》

语录体散文集，孟轲著（亦有弟子参与）。《孟子》有7篇传世，包括《梁惠王》《公孙丑》《滕文公》《离娄》《万章》《告子》《尽心》。南宋时朱熹将《孟子》与《论语》《大学》《中庸》合在一起称为"四书"。从此直到清末，"四书"一直是科举必考内容。

● 《庄子》

学术论著文集，杰出的散文集。由庄周和他的门人以及后学者著（被道教奉为《南华真经》）。《汉书·艺文志》著录《庄子》52篇，但留下来的只有33篇。其中内篇7篇，一般定为庄子著，外篇、杂篇可能有他的门人和后来道家的作品。《庄子》在哲学、文学上都有较高的研究价值。名篇有《逍遥游》《齐物论》《养生主》等,《养生主》中的"庖丁解牛"尤为后世传诵。

● 《荀子》

学术论文集,优秀的散文集,荀况著。荀子的散文说理透彻,气势雄浑,语言质朴,句法简练绵密,多用排比,又善用比喻。他一生"著数万言",后人编为《荀子》,其中除绝大部分是他自己的作品外,小部分是他门人的著作,共20卷,收文章32篇,内容涉及哲学思想、政治问题、治学方法、立身处世之道、学术论辩等方面,《劝学》是其中的第一篇。

● 《韩非子》

学术论著集,战国末期韩国法家集大成者韩非的著作。现存55篇,十余万字,大部分为韩非自己的作品。《韩非子》一书重点宣扬了韩非法、术、势相结合的法治理论,达到了先秦法家理论的最高峰,为秦统一六国提供了理论武器,也为以后的封建专制制度提供了理论根据。《韩非子》中记载了大量脍炙人口的寓言故事,最著名的有"自相矛盾""守株待兔""讳疾忌医""滥竽充数""老马识途"等。

● 《左传》

原名《左氏春秋》,汉朝时改称《春秋左氏传》,简称《左传》,相传是春秋末年左丘明为解释孔子的《春秋》而作。它起自鲁隐公元年(公元前722年),止于鲁悼公十四年(公元前453年),以《春秋》为本,通过记述春秋时期的具体史实来说明《春秋》的纲目,是儒家重要经典之一,与《春秋公羊传》《春秋穀梁传》合称"春秋三传"。

● 《国语》

中国最早的一部国别史著作,记录了周朝王室和鲁国、齐国、晋国、郑国、楚国、吴国、越国等诸侯国的历史。上起周穆王十二年(公元前990年)西征犬戎(约公元前947年),下至智伯被灭(公元前453年),包括各国贵族间朝聘、宴飨、讽谏、辩说、应对之辞以及部分历史事件与传说。本书不是系统、完整的历史著作,除《周语》略为连贯外,其余各国只是重点记载了个别事件。司马迁说:"左丘失明,厥有

《国语》。"（《报任安书》）认为《国语》是写《左传》的左丘明所写。

● 《史记》

西汉司马迁撰写的史学名著，又称《太史公记》，中国历史上第一部纪传体通史，列"二十四史"之首，是中国古代最著名的典籍之一，与后来的《汉书》《后汉书》《三国志》合称"前四史"。《史记》记载了上自中国上古传说中的黄帝时代，下至汉武帝元狩元年（公元前122年），共三千多年的历史。全书包括十二本纪（历代帝王政绩）、三十世家（诸侯国和汉代诸侯、权贵兴亡）、七十列传（重要人物的言行事迹，主要叙人臣）、十表（大事年表）、八书（各种典章制度，包括记礼、乐、音律、历法、天文、封禅、水利、财用），共130篇，526 500余字。《史记》对后世史学的发展产生了深远影响，其首创的纪传体编史方法为后来历代"正史"所传承，《史记》在中国文学史上有重要地位，被鲁迅誉为"史家之绝唱，无韵之离骚"。

● 《战国策》

中国古代记载战国时期政治斗争的一部最完整的著作，是当时纵横家游说之辞的汇编，国别体史书。书名原不统一，有《国策》《国事》《事语》《短长》《长书》《修书》等，后经西汉的刘向按照国别编订，因其书所记录的多是战国时纵横家为其所辅之国的政治主张和外交策略，刘向把本书定名为《战国策》。全书按东周、西周、秦国、齐国、楚国、赵国、魏国、韩国、燕国、宋国、卫国、中山国依次分国编写，分为11策，共33卷，497篇。所记载的历史，上起公元前490年智伯灭范氏，下至公元前221年，约十二万字，是先秦历史散文成就最高、影响最大的著作之一。

● 《楚辞》

"楚辞"又称"楚词"，"楚辞"之名首见于《史记·张汤传》，其本义是指楚地的言辞，后来逐渐固定为两种含义：一是诗歌的体裁，二是诗歌总集的名称（在一定程度上也代表了楚国文学）。从诗歌体裁来说，它是战国后期以屈原为代表的诗人在楚国民歌基础上开创的一种新诗体。从总集名称来说，它是西汉的刘向在前人基础上辑录的一部"楚辞"体的诗歌总集，名为《楚辞》，收入战国楚人屈原、宋玉的作品以及汉代贾谊、淮南小山、庄忌、东方朔、王褒、刘向诸人的仿骚作品。《楚辞》是继《诗经》以后对我国文学具有深远影响的一部诗歌总集。

● 《古诗十九首》

组诗名，最早见于《文选》，为南朝梁萧统根据无名氏《古诗》中选录19首编入，编者把这些作者已经无法考证的五言诗汇集起来，冠以此名，列在"杂诗"类之首。《古诗十九首》习惯上以句首标题，依次为：《行行重行行》《青青河畔草》《青青陵上柏》《今日良宴会》《西北有高楼》《涉江采芙蓉》《明月皎夜光》《冉冉孤生竹》《庭中有奇树》《迢迢牵牛星》《回车驾言迈》《东城高且长》《驱车上东门》《去者日以疏》《生年不满百》《凛凛岁云暮》《孟冬寒气至》《客从远方来》《明月何皎皎》。

● 《文心雕龙》

我国古代最重要的一部系统的文学理论巨著，成书于南朝，作者刘勰。它是中国文学理论批评史上第一部有严密体系的，"体大而虑周"的文学理论专著。《文心雕龙》分50篇，内容丰富，见解卓越，皆"言为文之用心"，全面而系统地论述了写作上的各种问题，尤为难得的是对应用写作也多有论评。粗略统计，全书论及的文体计有59种，而其中属于应用文范畴的文体竟达44种，占文体总数的四分之三。

● 《搜神记》

东晋时记录古代民间传说中神奇怪异故事的小说集，作者干宝。《搜神记》今本系后人缀辑增益而成，20卷，共有大小故事454个，所记多为神灵怪异之事，也有一部分属于民间传说，其中《干将莫邪》《李寄》《韩凭夫妇》《吴王小女》《董永》等常为后人称引。《搜神记》对后世影响深远，如唐代传奇故事、蒲松龄的《聊斋志异》及后世的许多小说、戏曲，都和它有着密切的联系。关于书名，《晋书·干宝传》说干宝有感于生死之事，"遂撰集古今神祇灵异人物变化，名为《搜神记》"。

● 《世说新语》

我国南北朝时期（公元420年—公元581年）产生的一部主要记述

魏晋人物言谈逸事的笔记小说，是由南朝刘宋宗室的刘义庆组织一批文人编写的，梁代刘峻（字孝标）作注。该书原名《世说》，因汉朝刘向曾著《世说》（早已亡佚），后人为将此书与刘向所著相区别，故又名《世说新书》，大约宋朝以后才改称今名。全书原8卷，刘峻注本分为10卷，今传本皆作3卷，分为德行、言语、政事、文学、方正、雅量等36门，全书共一千多则，记述自汉末到刘宋时名士贵族的遗闻逸事，主要为有关人物评论、清谈玄言和机智应对的故事。

● 《资治通鉴》

我国最大的一部编年史，由北宋时期著名政治家、史学家、散文家司马光主持编写。全书共294卷，通贯古今，上起战国初期韩、赵、魏三家分晋（公元前403年），下迄五代（后梁、后唐、后晋、后汉、后周）末年赵匡胤（宋太祖）灭后周以前（公元959年），共1362年。作者把这1362年的史实，依时代先后，以年月为经，以史实为纬，顺序记写，对于重大历史事件的前因后果，与各方面的关联都交代得清清楚楚，使读者对史实的发展能够一目了然。书名的意思是"鉴于往事，资于治道"。

● 《西厢记》

元朝爱情剧的杰作，全名《崔莺莺待月西厢记》，作者王实甫。《西厢记》故事最早起源于唐代元稹的传奇小说《莺莺传》，叙述书生张珙与同时寓居在普救寺的已故相国之女崔莺莺相爱，在婢女红娘的帮助下，两人在西厢约会，莺莺终于以身相许。后来张珙赴京应试，得了高官，却抛弃了莺莺，酿成爱情悲剧。这个故事到宋金时代流传更广，一些文人、民间艺人纷纷改编成说唱和戏剧，王实甫编写的多本杂剧《西厢记》就是在这样丰富的艺术积累上进行加工创作而成的。

● 《琵琶记》

元朝南戏艺术成就最高的剧目，对明清两代而言，它是传奇的开山之作，作者高明。《琵琶记》的前身是宋代戏文《赵贞女蔡二郎》。写蔡二郎应举，考中了状元，他贪恋功名利禄，抛弃双亲和妻子，入赘相府。其妻赵贞女在饥荒之年，独力支撑门户，赡养公婆，竭尽孝道。公婆死后，她以罗裙包土，修筑坟茔，然后身背琵琶，上京寻夫。可是蔡二郎不仅不肯相认，竟还放马踩踹，致使天神震怒。最后，蔡二郎被暴雷轰死。《琵琶记》基本上继承了《赵贞女》故事的框架，保留了赵贞女的"有贞有烈"，但对蔡伯喈（蔡二郎）的形象作了全面改造，让他成为"全忠全孝"的书生。

● 《三国演义》

我国古代四大名著之一，我国第一部章回体长篇小说，产生于元末明初，作者罗贯中。全书一百二十回，以汉末三国历史和民间流传三国故事为基础加工创作而成。故事起于刘、关、张桃园结义，止于东吴灭亡，描写了汉末及三国时期的社会斗争和广泛的社会生活。

● 《水浒传》

我国古代四大名著之一，元末明初产生的优秀长篇章回小说，作者施耐庵。全书一百二十回，以北宋宣和年间的宋江起义为历史依据，在民间广泛流传的水浒故事基础上加工创作而成，是我国第一部以农民起义为题材的长篇小说。金圣叹将《水浒传》与《离骚》《庄子》《史记》、杜诗、《西厢记》合称为"六才子书"，冯梦龙将《水浒传》与《三国演义》《西游记》《金瓶梅》定为"四大奇书"。

● 《西游记》

名字为《西游记》的著作主要有三部：其一为元朝道士丘处机的地理著作《西游记》；其二为杨景贤的杂剧《西游记》；其三为"华阳洞天主人"（一般认为是吴承恩）的小说《西游记》。作为我国古代四大名著之一的《西游记》，是一部优秀的神话小说，经无数民间艺人和作者付出巨大努力之后，于明朝中叶由小说家吴承恩编撰而成。内容分三大部分：第一部分（一回到七回）介绍孙悟空的神通广大，大闹天宫；第二部分（八回到十二回）叙三藏取经的缘由；第三部分（十三回到一百回）是全书故事的主体，写悟空等降伏妖魔，最终到达西天取回真经。

● 《金瓶梅》

明朝长篇小说，作者署名兰陵笑笑生。全书一百回，借《水浒传》中武松杀嫂一段故事为引子，通过对兼有官僚、恶霸、富商三种身份的封建时代市侩势力的代表人物西门庆及其家庭罪恶生活的描述，暴露了北宋中叶社会的黑暗和腐败。《金瓶梅》是我国第一部由文人独创的率先以市井人物与世俗风情为描写中心的长篇小说，其诞生标志着诸如《三国演义》《水浒传》《西游记》等几部小说取材于历史故事与神话传说而集体整理加工式小说创作模式的终结，开文人直接取材于现实社会生活而进行独立创作长篇小说之先河。《金瓶梅》的书名从小说中西门庆的三个妾潘金莲、李瓶儿、庞春梅的名字中各取一字而成。也有人认为，实际上有更深一层含义，即"金"代表金钱，"瓶"代表酒，"梅"代表女色。

● 《桃花扇》

清初作家孔尚任经十余年苦心经营，三易其稿写出的一部传奇剧本。共有四十出，舞台上常演的有《访翠》《寄扇》《沉江》等几折。通过男女主人公侯方域（朝宗）和李香君的爱情故事反映明末南明灭亡的历史戏剧，所谓"借离合之情，写兴亡之感，实事实人，有凭有据"。当时清初正是考据学极盛时期，影响了作者对于历史的态度，剧本中绝大部分人物是真人真事，剧本所写的一年中重大历史事件甚至考证精确到某月某日。

● 《聊斋志异》

清朝短篇小说集，是蒲松龄的代表作，在他四十岁左右时基本完成，此后不断有所增补和修改。"聊斋"是他的书屋名称，"志"是记述的意思，"异"指奇异的故事。全书共有短篇小说491篇，题材广泛，内容丰富。多数作品通过谈狐说鬼的手法，对当时社会的腐败、黑暗进行了有力批判。本书成功塑造了众多艺术典型，人物形象鲜明、生动，故事情节曲折、离奇，结构布局严谨、巧妙，文笔简练，描写细腻，堪称中国古典短篇小说之巅峰。

● 《儒林外史》

清朝杰出的现实主义长篇讽刺小说，作者吴敬梓。原本五十五回，现在通行的刻本是五十六回，其中最末一回乃后人伪作。本书由若干生动的故事联起来，这些故事都是以真人真事为原型塑造的。全书的中心内容，就是抨击僵化的考试制度和由此带来的严重社会问题。本书是我国古代讽刺文学的典范，作者吴敬梓对生活在封建末世和科举制度下的封建文人群像的成功塑造，以及对吃人的科举、礼教和腐败世态的生动描绘，使他成为我国文学史上批判现实主义的杰出作家之一。本书不仅直接影响了近代谴责小说，而且对现代讽刺文学有深刻启发，已被译成英、法、德、俄、日等多种文字，成为一部世界性的文学名著。

● 《红楼梦》

我国古代四大名著之一，成书于清乾隆四十九年（1784年），梦觉主人序本正式题为《红楼梦》，原名《石头记》《情僧录》《风月宝鉴》《金陵十二钗》等。本书是我国古代最伟大的长篇小说，也是世界文学经典巨著之一，作者曹雪芹。最初的《红楼梦》是以手抄本形式流传，只有前八十回。《红楼梦》续书种类高达百余种，现通行的续作是由高鹗续全的一百二十回《红楼梦》。书中以贾、史、王、薛四大家族为背景，以贾宝玉、林黛玉爱情悲剧为主线，着重描写贾、宁二府由盛到衰的过程。本书全面描写了封建社会末世的人情世态及种种无法调和的矛盾。

绘 画

中国古代绘画称为国画，它是中国文化的奇葩，强调抒发作者的主观情趣，讲究诗、书、画、印的完美结合，在世界画坛占据重要地位。

● 国 画

又称"中国画"，工具和材料有毛笔、墨、国画颜料、宣纸、绢等，题材可分人物、山水、花鸟等，技法可分工笔和写意，它的精神内核是"笔墨"。从美术史的角度讲，民国前的都统称为古画。国画在古代无确定名称，一般称之为丹青，主要指的是画在绢、宣纸、帛上并加以装裱的卷轴画。近、现代以来为区别于西方的油画（又称西洋画）等外国绘画而称之为中国画，简称"国画"。国画不讲焦点透视，不强调瞬间的光色变化，不拘泥于外表的肖似。多强调抒发作者的主观情趣。诗、书、画、印结合，更是国画所特有的。

● 丹 青

我国古代绘画常用朱红色、青色，故称画为"丹青"，如《汉书·苏武传》："竹帛所载，丹青所画。"杜甫《丹青引赠曹将军霸》："丹青不知老将至，富贵于我如浮云。"也泛指绘画艺术，如《晋书·顾恺之传》："尤善丹青。"民间称画工为"丹青师傅"。

● 山水画

表现山川之美的画种。中国山水画起源甚早，据《拾遗记》记载，秦代已有山水画，今天所能见到的以顾恺之《洛神赋图》中的山水为最早。当时的山水画尚处于幼稚阶段，"其画山水，则群峰之势，若钿饰犀栉，或水不容泛，或人大于山，率皆附以树石，英带其地。列植之状，则若伸臂布指"。

● 人物画

以人物形象为主体的绘画之通称。我国的人物画历史悠久，商、周时期，已经有壁画。东晋时顾恺之专尚画人物画，在我国绘画史上第一个明确提出"以形写神"的主张。唐代闫立本也擅长人物画，还有吴道子、韩幹等。中国的人物画是中国画中的一大画科，出现比山水画、花鸟画等为早，大体分为道释画、仕女画、肖像画、风俗画、历史故事画等。人物画力求人物个性刻画得逼真传神，气韵生动、形神兼备。其传神之法，常把对人物性格的表现，寓于环境、气氛、身段和动态的渲染之中，所以中国画论上又称人物画为"传神"。历代著名人物画有东晋顾恺之的《洛神赋图》、唐朝韩滉的《文苑图》、五代南唐顾闳中的《韩熙载夜宴图》、北宋李公麟的《维摩诘像》、南宋李唐的《采薇图》和梁楷的《李白行吟图》、元朝王绎的《杨竹西小像》、明朝仇英的《列女图》和曾鲸的《侯峒嶒像》、清朝任伯年的《高邕之像》，以及现代徐悲鸿的《泰戈尔像》等。

● 文人画

也称"士夫画"，泛指中国封建社会中文人、士大夫所作之画，以别于民间画工和宫廷画院职业画家的绘画。唐朝的王维为其创始者，北宋苏轼提出"士人画"的概念，南宋邓椿《画继》提出"画者文之极也"的主张，明朝董其昌明确提出"文人画"的概念。文人画是画中带有文人情趣，画外流露着文人思想的绘画。它不与中国画三门山水、花鸟、人物并列，也不在技法上与工笔、写意有所区分，它是中国绘画大范围中山水、花鸟、人物的一个交集。

● 水墨画

中国画中纯用水墨所作之画，基本要素有三：单纯性、象征性、自然性。相传始于唐朝，成于五代，盛于宋、元，明清及近代以来继续发展。以笔法为主导，充分发挥墨法的功能。"墨即是色"，指墨的浓淡变化就是色的层次变化，"墨分五彩"，指色彩缤纷可以用多层次的水墨色度代替之。唐、宋人画山水多湿笔，出现"水晕墨章"之效，元朝人始用干笔，墨色更多变化，有"如兼五彩"的艺术效果。用中国特制的烟墨构成的"水墨画"成为中国画特有的一个画种，墨可分为淡墨、极淡墨、浓墨和焦墨。

● 笔 墨

中国画术语，有时也作为中国画技法的总称。在技法上，"笔"通常指勾、勒、皴、擦、点等笔法；"墨"指烘、染、破、泼、积等墨法；在理论上，强调笔为主导，墨随笔出，相互依赖，完美地描绘物象，表达意境，以取得形神兼备的艺术效果。

● 指 画

也叫指头画、指墨，是用手指头画的中国画。指画的创始人是清朝的高其佩。高其佩的指画题材包罗万象，山水、人物、花卉、虫鸟，有的气势磅礴，有的刻画细微，有很高的成就。指画笔包括拇指、四指、手掌、手背、指甲；多以食指为主，辅以拇指、小指；泼墨时四指、手掌、手背并用。

● 点 苔

中国画技法名，用毛笔做出直、横、圆、尖或破笔（笔毛散开，无一定形式），或如"介""个"等字的点子，表现山石、地坡、枝干上和树根旁的苔藓杂草以及峰峦上的远树等，在山水画构图经营中广为应用。苔点种类主要有圆点、横点、直点、焦点、湿点、浓点、淡点、攒聚点、跳踢点、胡椒点等。

● 浅绛山水

山水画的一种，在水墨勾勒皴染的基础上，敷设以赭石为主色的淡彩山水画，工艺绘画中亦见。这种设色特点，始于五代时的董源，盛于元朝的黄公望，亦称"吴装"山水。浅绛山水画法的特点是素雅、明快。

● 六 法

品评人物画的六项标准，南朝齐谢赫《古画品录》所举"六法"为：气韵生动、骨法用笔、应物象形、随类赋彩、经营位置（或经营置位）、传移模写（一作传模移写）。六法是我国古代绘画实路的系统总结，其中涉及的各种概念，在汉、魏、晋以来的诗文、书画论著中，已陆续出现。到了南齐，由于绘画实践的进一步发展，以及文艺思想的活跃，这样一种系统化形态的绘画理论终于形成。六法是一个互相联系的整体，"气韵生动"是对作品总的要求，是绘画中的最高境界，它要求以生动的形象充分表现人物的内在精神，"六法"的其他几个方面则是达到"气韵生动"的必要条件。

● 十八描

中国画表现古代人物衣服褶纹的十八种描法，即高古游丝描、琴弦描、铁线描、行云流水描、马蝗描、钉头鼠尾描、曹衣描、折芦描、混描、撅头描、橄榄描、枣核描、柳叶描、竹叶描、战笔水纹描、减笔、柴笔描、蚯蚓描。

● 泼　墨

中国画的一种运墨法。相传唐代王洽以墨泼纸素，脚蹴手抹，随其形状为石、为云、为水，应手随意，图出云霞，染成风雨，宛若神巧，俯视不见其墨污之迹。后世指笔酣墨饱，或点或刷，水墨淋漓，气势磅礴，皆谓之"泼墨"，现代亦把以彩色为主的纵笔豪放的画法称为"泼彩"。

● 皴　法

中国画表现山石树木的一种技法。皴法始于唐朝，盛于宋朝，完备于元朝，主要有披麻皴和斧劈皴，由这两种又演变出解索皴、折带皴、马牙皴、卷云皴、鬼面皴、雨点皴、牛毛皴、鳞皴、绳皴、横皴、拖泥带水皴、泥里拔钉皴等。

● 工　笔

亦称"细笔"，与"写意"对应，属于工整细致一类密体的画法。工笔画注重线条美，"一丝不苟"是工笔画的特色，如宋朝的院体画、明朝仇英的人物画、清朝沈铨的花鸟走兽画等，著名的工笔画家有张萱、王维、赵佶等。工笔画的技法有描、分、染、罩。

● 写　意

俗称"粗笔"，与"工笔"对应，属于简略一类的画法，要求通过简练概括的笔墨，着重描绘物象的意态神韵，南宋的梁楷、法常，明朝的陈淳、徐渭，清初的朱耷等，均擅长此法。

● 岩　画

指刻或画在岩石表面的图画，遍布世界许多国家，延续时间大约从两万年前的旧石器时代晚期直至现代。中国岩画分为南北两个系统。南系除广西左江流域外，还有四川、云南、贵州、福建等地，南系岩画大都以红色涂绘，颜料是以赤铁矿粉调合牛血等而成的，制作年代在战国至东汉期间。北系以阴山、黑山、阿尔泰山等为主，绵延数千里，气势宏大，北系岩画大都是刻制的，刻制又包括磨制、敲凿与线刻，制作时间的跨度很大，最早的可能在新石器时代，最晚的在元代。

● 四君子

中国古代画家称梅、兰、竹、菊为四君子，晋王子猷始称竹为"君"，明陈继儒称梅、兰、竹、菊为"四君"，自此，"四君子"之称一直沿用下来。文人画家多喜借物寓意，竹之坚挺有节、梅之耐寒早花、菊之经霜不落、兰之幽谷独芳，被附以人的品格，视为有"君子之风"，一般均借"四君子"来表现正直、虚心、纯洁而有气节的思想感情。它的起源可早至晚唐，到宋代更为盛行，明朝万历年间黄凤池辑有《梅竹兰菊四谱》，各种形式的四君子图案纹样一直流传到现在。

● 帛　画

帛画，中国古代画种，因画在帛上而得名。帛是一种质地为白色的丝织品，在其上用笔墨和色彩描绘人物、走兽、飞鸟及神灵、异兽等形象的图画，约兴起于战国时期，至西汉发展到高峰。今存著名的帛画有：《楚帛书》，1942年出土于湖南长沙；《人物龙凤》，1949年出土于长沙陈家大山战国楚墓；《人物御龙》，1973年出土于长沙子弹库战国楚墓；马王堆汉墓帛画，1972年至1974年出土于长沙马王堆西汉墓；金雀山汉墓画，1976年出土于山东临沂金雀山。

● 画像石

指在石料上雕刻平面图像的石刻艺术，盛行于西汉至唐朝，多见于墓室、祠堂，也有刻于石碑、石阙、门楣、棺椁等处。画像石的内容十分丰富，诸如生产劳动、历史故事、乐舞杂技、车骑出行、建筑、天象等，具有很高的历史、艺术价值。手法有平底阴线刻、减底凸起加阴线、减底凸起成浅浮雕等形式，画面四周多留出并刻成不同图案的边框，与画面对比呼应。主要产地有河南南阳、安阳，四川成都，山东沂南、嘉祥、滕县等处。

● 年 画

始于古代的"门神画"，清光绪年间正式称为年画，是中国特有的一种绘画体裁，大都用于新年时张贴，装饰环境，含有祝福新年吉祥喜庆之意。各地对年画的称谓五花八门，北京叫"画片""卫画"，苏州叫"画张"，浙江叫"花纸"，福建叫"神符"，四川叫"斗方"。中国著名的四大"年画之乡"是：四川绵竹，苏州桃花坞，天津杨柳青，山东潍坊。旧年画因画幅大小和加工多少而有不同称谓，整张大的叫"宫尖"，一纸三开的叫"三才"；加工多而细致的叫"画宫尖""画三才"，颜色上用金粉描画的叫"金宫尖""金三才"；六月以前的产品叫"青版"，七八月以后的产品叫"秋版"。传统年画以木刻水印为主，追求古朴的风格与热闹的气氛，因而画的线条单纯、色彩鲜明。内容有花鸟、胖孩儿、金鸡、春牛、神话传说与历史故事等。

● 翰林图画院

中国古代皇家收罗绘画人才、传授系统的文化知识和进行艺术创作的机构。五代时期，西蜀和南唐开始设立专门从事绘画的机构——画院。画院由国家直接管理，画院画家以"翰林"等不同的身份享受与文官相近的待遇，并穿戴官服，领取国家发放的"俸值"。这样，国家可以把全国最优秀的丹青妙手汇聚起来。公元960年，宋王朝统一中国后，继续设立画院并加以扩大，成立了翰林图画院。原来五代时画院的高手都在宋画院供职，宋代的画院于是成为全国绘画创作的中心。为了新建的玉清昭应宫绘制壁画，画院主持向全国招募画师，应招画家竟超过了三千人。经过考试，武宗元、王拙等百余人入选。武宗元就是《朝元仙杖图》的作者，当时人们认为他可以和吴道子相比。《清明上河图》的作者张择端就是宋徽宗时翰林图画院的画师。

● 四 王

旧时称清初服务于宫廷的四位画家，即王时敏、王原祁、王翚、王鉴，他们之间有着亲属或师友关系。他们的绘画风格和艺术思想，受董其昌影响较大。四人传统文化功力深厚，技术纯熟，但崇尚摹古，缺乏创造性。由于他们的作品受到清朝最高统治者的肯定和赞扬，在画坛占据统治地位。

● 扬州八怪

中国清代中期活动于扬州地区一批风格相近的书画家总称，或称扬州画派。据李玉棻《瓯钵罗室书画过目考》，"八怪"为罗聘、李方膺、李鱓、金农、黄慎、郑燮（即郑板桥）、高翔和汪士慎。从康熙末年崛起，到嘉庆四年"八怪"中最年轻的画家罗聘去世，前后近百年，他们的绘画作品为数之多，流传之广，无可计量。仅据今人所编《扬州八怪现存画目》记载，为国内外二百多个博物馆、美术馆及研究单位收藏的就有八千余幅，作为中国画史上的杰出群体已经闻名世界。

● 顾恺之

东晋画家，字长康，小字虎头。他多才多艺，工诗赋、书法，尤精绘画，有"才绝、画绝、痴绝"之称。顾恺之作品真迹没有保存下来，相传为顾恺之作品的摹本有《女史箴图》《洛神赋图》《列女仁智图》等。

● 阎立本

唐初著名画家，雍州万年（今西安）人。工书法，擅画人物、车马、台阁，取法梁张僧繇，现存相传为阎立本的作品（或摹本）有《历代帝王图》（现藏美国波士顿艺术博物馆）、《步辇图》《职贡图》等。《步辇图》描绘唐太宗同迎接文成公主入藏的吐蕃使臣会见的情景，是反映汉藏和亲的历史画卷。

● 吴道子

盛唐时名画家，阳翟（今河南禹县）人。画人物服饰始用兰叶描，能充分表现出衣服的迎风飘举之势，被人赞誉为"吴带当风"。史传吴道子曾在洛阳、长安寺观作佛道宗教壁画三百余堵，形象情状各不相同。其所创淡彩白描画法，人称"吴装"，对后世影响甚大。吴道子绘画无真迹传世，传至今日的《送子天王图》可能为宋代摹本，另外还流传有《宝积宾伽罗佛像》《道子墨宝》等摹本，莫高窟第103窟的维摩经变图，亦被认为是他的画风。

● 张 萱

盛唐著名画家，京兆（今陕西西安）人，擅画宫苑、仕女、鞍马等。曾画《宫中七夕乞巧图》《望月图》等，反映上层妇女和宫女们的生活。他画妇女惯用朱色晕染耳根，所画人物，色彩艳丽，线条遒劲有力。

● 顾闳中

五代南唐画家，擅长画人物，长于描摹神情意态，能较好地表现出物象的质感。存世作品有《韩熙载夜宴图》（存于北京故宫），描写南唐的中书侍郎韩熙载夜宴宾客的情景，此画在用线、设色、构图、性格刻画等方面都很成功。

● 黄 筌

五代后蜀画家，字要叔，成都人。擅长画人物、花鸟，尤以花鸟著称。广取博采，自成一家。他的花鸟作品取材于宫廷中的珍禽异卉，用笔精细，以轻色染成，显得清新富丽。后人把他与南唐的徐熙并称为"徐黄"。

● 巨 然

五代宋初山水画家，开元寺僧人，师法董源，并称"董巨"。擅长画山水，创披麻皴，对后世山水画产生过很大影响，存世作品有《秋山问道》《层崖丛树》等。

● 郭 熙

北宋中期画家，擅长画山水，卷云皴、鬼面石、雀爪枝为其山水画形象的突出特点，传世作品有《早春图》《关山春雪图》《幽谷图》等。

● 李公麟

北宋晚期文人画家，字伯时，号龙眠居士。擅长画人物、鞍马及历史故事，画人物用墨笔勾线，不着色，称为"白描"，对后世影响较大，传世作品有《五马图》等。

● 赵 佶

即宋徽宗，著名书画家。在位期间，书画被正式列为国家科举项目，翰林图画院大大发展。他亲临课堂指导创作，令文臣编纂了《宣和画谱》《宣和书谱》《宣和博古图》等书。赵佶常在自己喜欢的书画上题诗作跋，后人把这种画叫"御题画"。由于许多画上并没有留下作者的名字，他本人又擅长绘画，对鉴别这些画是否为赵佶的作品有不小的难度，目前可以确定是其真迹的作品有《诗帖》《柳鸭图》《池塘晚秋图》《竹禽图》《四禽图》等，《芙蓉锦鸡图》《腊梅山禽图》是"御题画"。除绘画外，赵佶独创的瘦金体书法也很有影响。

● 赵孟頫

字子昂，号松雪道人，又号水精宫道人，吴兴（今浙江湖州）人，故画史又称"赵吴兴"，元代著名画家，楷书四大家（欧阳询、颜真卿、柳公权、赵孟頫）之一，宋太祖赵匡胤十一世孙。在绘画上，山水、人物、花鸟、竹石、鞍马无所不能，工笔、写意、青绿、水墨无所不精，其画作遗存的有《重汉叠嶂图》《双松平远图》《鹊华秋色图》《秋郊饮马图》《红衣罗汉》《人骑图》等。赵孟頫还擅长篆、隶、真、行、草，尤以楷书、行书著称于世，传世书迹较多，代表作有《千字文》《洛神赋》《归去来兮辞》《兰亭十三跋》《赤壁赋》《道德经》《仇锷墓碑铭》等。

● 元四家

元朝山水画的四位代表画家的合称。主要有二说：一是指赵孟頫、吴镇、黄公望、王蒙四人，见明朝王世贞《艺苑卮言·附录》；二是指黄公望、王蒙、倪瓒、吴镇四人，见明朝董其昌《容台别集·画旨》。第二说流传较广。也有将赵孟頫、高克恭、黄公望、吴镇、倪瓒、王蒙合称为"元六家"。"元四家"对于山水画起到了举足轻重的作用，在艺术上都受到赵孟頫的影响，通过他们的探索和努力，使中国山水画的笔墨技巧达到了一个高峰，对后世的绘画影响巨大。

● 徐 渭

明朝文学家、书画家，字文长，号青藤、天池，山阴人。他在诗文、书法、戏曲、绘画上均有独特造诣，在水墨大写意花卉方面创造性的贡献尤为突出。他反对绘画上因袭前人的"鸟学人言"的做法，主张"新为上，手次之，目口末矣"。他的画具有走笔如飞、泼墨淋漓而直指胸臆的特色，引起后世许多大家心悦诚服的赞叹。《杂花图卷》是他的传世佳作，体现了他用笔峭拔劲挺、多变以及用墨洒脱自如的艺术风格。

● 朱 耷

清初画家，号八大山人，明宁王朱权后裔，南昌人，明亡时先为僧，后为道。朱耷为僧名，"耷"乃"驴"字的俗写，至于八大山人号，乃是他弃僧还俗后所取，始自59岁，直至80岁去世，以前的字均弃而不用。所书"八大山人"含意深刻，"八大"与"山人"紧连起来，即"类哭之、笑之"，作为他那隐痛的寄寓。他以绘画为中心，在书法、诗跋、篆刻等方面也都有很高的造诣。在绘画上以大笔水墨写意画著称，并善于泼墨，尤以花鸟画称美于世。在创作上他取法自然，笔墨简练，大气磅礴，独具新意，创造了高旷纵横的风格，三百多年来凡大笔写意画派都或多或少受到他的影响。朱耷的画作在东方尤其在日本备受推崇，有《孔雀竹石图》《孤禽图》《眠鸭图》《猫石杂卉图》《荷塘戏禽图卷》《河上花并题图卷》《鱼鸭图卷》《莲花鱼乐图卷》《杂花图卷》《杨柳浴禽图轴》《芙蓉芦雁图轴》《大石游鱼图轴》《双鹰图轴》《古梅图轴》《墨松图轴》《秋荷图轴》《芭蕉竹石图轴》《椿鹿图轴》《快雪时晴图轴》《幽溪泛舟图轴》《四帧绢本浅绛山水大屏》等传世。

● 郑 燮

清朝著名画家，字克柔，号板桥，人称郑板桥，"扬州八怪"之一。其诗、书、画世称"三绝"，擅画兰竹。郑燮一生画竹最多，次则兰、石，但也画松、菊，是清代比较有代表性的文人画家，有《板桥集》传世。

● 石　涛

清朝著名画家，本姓朱，名若极，小字阿长，明靖江王后裔，明亡出家为僧，法名原济，号石涛，又号苦瓜和尚、大涤子等。石涛作画构图新奇，尤其喜用"截取法"，以特写之景传达深邃之境。石涛还讲求气势。他笔情恣肆，淋漓洒脱，不拘小处瑕疵，作品具有一种豪放郁勃的气势，以奔放之势见胜，对清朝以至现当代的中国绘画发展产生了极为深远的影响。有《搜尽奇峰打草稿图》《淮扬洁秋图》《惠泉夜泛图》《山水清音图》《细雨虬松图》《梅竹图》《墨荷图》《竹菊石图》等传世。著有《苦瓜和尚画语录》，阐述了他对山水画的认识，提出一画说，主张"借古以开今""我用我法"和"搜尽奇峰打草稿"等，在中国画史上具有十分重要的意义。

● 任　颐

清末著名画家，初名润，字伯年，一字次远，号小楼，浙江山阴人，因此他的画署款多写"山阴任颐"。其绘画题材广泛，人物、肖像、山水、花卉、禽鸟无不擅长。主要成就在于人物画和花鸟画方面，往往寥寥数笔，便能把人物整个神态表现出来，着墨不多而意境深远。他的花鸟画，总是把花与鸟连在一起，禽鸟显得很突出，花卉有时只做背景，整个画面充满了诗的意境。任颐二十多年的绘画创作，留下了数以千计的遗作，是历史上少见的多产作家，传世作品有《五十六岁仲英写像》《雀屏图》《牡丹双鸡图》《渔归图》《人物册》《壮心不已图》《墨笔人物山水册》等。

戏 剧

中国戏剧和印度梵剧、希腊悲喜剧并称为三大古老的戏剧文化。中国戏剧已有八百多年的历史，目前已经发展到三百多个剧种，剧目更是难以计数。

● 中国戏剧

中国戏剧和印度梵剧、希腊悲喜剧并称为三大古老的戏剧文化。中国戏剧的产生已有八百多年，目前已经发展到三百多个剧种，剧目更是难以计数。中国戏剧是以唱、念、做、打的综合表演为中心的戏剧形式，它有丰富的艺术表现手段。如戏剧中的服装和化装，除用以刻画人物外，还成了帮助和加强表演的有力手段。水袖、翎子、髯口等，不仅是人物的装饰，而且是戏剧演员美化动作、表现人物微妙心理活动、刻画人物性格的重要工具。

● 京 剧

京剧是中国的国粹，是流行于全国的重要剧种之一。迄今已有二百多年的历史。清乾隆五十五年（1790年），原来在南方演出的三庆、四喜、春台、和春四个徽调班社，陆续进京演出，同来自湖北的汉调艺人合作，相互影响，又接受了昆曲、秦腔的部分剧目、曲调和表演方法，并吸收了一些民间曲调，逐渐融合、演变，发展成为京剧。其音乐基本上属于板腔体，唱腔以徽调的二黄和汉调的西瓜为主，所以旧时称之为"皮黄"。另有西皮反调（即"反西皮"）、二黄反调（即"反二黄"）以及南梆子、四平调、吹腔、高拨子、南锣等唱腔。伴奏乐器以京胡为主，二胡、月琴、三弦为辅。有的唱腔及乐曲以唢呐、笛等伴奏。打击乐器有单皮鼓、檀板、大锣、小锣、铙钹、堂鼓、星子等。京剧表演讲究唱、念、做、打并重，常用虚拟动作，重视情景交融，声情并茂。京剧自产生以来，曾有过许多名称，如乱弹、簧调、京簧、京二黄、皮簧

127

（皮黄）、二黄、大戏、平剧、旧剧、国剧、京戏、京剧等。京剧传统剧目有上千个，流行的有《将相和》《群英会》《空城计》《贵妃醉酒》《三岔口》《拾玉镯》《打渔杀家》等。京剧行当大体分为生、旦、净、丑四个行当。每一个行当还都可以细分，如生分为老生，演中老年男性；小生，演青年男性；娃娃生，演小男孩儿；武生，演武戏中的男性。小生中又可分为扇子生、翎子生、武小生、穷生等。旦行中分为花旦、青衣和老旦。武戏中有武旦和刀马旦。

● 粤　剧

粤剧流行于广东全省、广西壮族自治区南部和香港、澳门等地。东南亚以及大洋洲、美洲的广东华侨聚居地区，也有粤剧演出。东南亚一带且有世代相承的艺人、固定的班社组织、同业行会和传统演出场地，如新加坡的"庆维新"、吉隆坡的"普长春"，都曾培养出不少粤剧著名演员。粤剧发轫于明末清初。粤剧的传统剧目，早期主要有《一捧雪》等所谓"江湖十八本"；清同治七年（1868年）以后，又有《黄花山》等"新江湖十八本"；清光绪中叶，出现了侧重唱功的"粤剧文静戏"，如《仕林祭塔》等，称为"大排场十八本"。"省港大班"阶段的剧目有根据西文电影、小说改编的《贼王子》等。经过整理较有影响的剧目有传统剧《平贵别窑》《凤仪亭》《赵子龙催归》《宝莲灯》《西河会》《罗成写书》以及现代戏《山乡风云》等。已经摄制成影片的有《搜书院》《关汉卿》等。

● 越　剧

越剧诞生于1906年，时称"小歌班"。其前身是浙江嵊县一带流行的说唱艺术——落地唱书。艺人基本上是半农半艺的男性农民，曲调沿用唱书时的"吟哦调"，以人声帮腔，无丝弦伴奏，剧目多民间小戏，在浙东乡镇演出。1910年小歌班进入杭州，1917年到达上海，1920年起，演出用丝弦伴奏，因板胡定弦1—5两音，称"正宫调"。20世纪20年代初，该剧种被称为"绍兴文戏"。1938年名伶姚水娟吸收文化人参与对越剧的变革，称"改良文戏"。1942年，袁雪芬吸收新文艺工作者参加，对越剧进行比较全面的改革，被称为"新越剧"。"新越剧"重要标志之一，是编演新剧目，使用完整的剧本，废除幕表制，内容大都是反封建、揭露社会黑暗和宣扬爱国思想。1946年5月，雪声剧团首次将鲁迅小说《祝福》改编为《祥林嫂》搬上戏曲舞台，标志着越剧改革进入一个新的阶段。从20世纪50年代到60年代前期，有一大批优秀剧目蜚声大江南北。其中《梁山伯与祝英台》《情探》《追鱼》《碧玉簪》《红楼梦》等被搬上银幕。到20世纪60年代初，越剧已遍布全国二十多个省市。

● 甬　剧

甬剧，早期曾名"串客"、宁波滩簧。它是源于浙江宁波地区、流行于浙江东部和上海市的戏曲剧种，与浙江的姚剧、湖剧一样，同属滩簧腔系。该剧的起源有二说，一是认为由宁波地区田头山歌、马灯调融合盲人"唱新闻"发展而来，另一说是一些甬剧老艺人认为"串客"与宁波乱弹的合流。甬剧是最早进入上海演唱的外来戏曲剧种之一。清光绪六年（1880年）宁波串客艺人（业余从艺出身）邬拾来、杜通尧等受茶馆老板马德芳、王章才之邀来上海，在小东门"凤凰台""白鹤台"等茶楼演唱。早在清乾隆、嘉庆年间（1736年至1820年）已有大量宁波籍人来上海经商，嘉庆三年（1798年）宁波旅沪同乡会已在上海城厢北门外购了三十多亩土地，建造了正殿五楹的"四明公所"。清道光二十三年（1843年）上海开埠，当时的上海知县蓝蔚雯是宁波定海人，宁波人在沪势力与日俱增，而这正是甬剧较早进入上海的背景。串客进入上海后，随着演唱艺术的丰富与发展，经历了宁波滩簧、四明文戏、改良甬剧、新甬剧几个阶段。

● 沪　剧

沪剧属江、浙、长江三角洲吴语地区滩簧系统。兴起于上海，因上海简称沪，故名沪剧。主要流布于上海、苏南及浙江杭、嘉、湖地区。沪剧源出太湖流域的吴淞江及黄浦江一带农村中的"小山歌"，在长期流传中受到弹词及其他民间说唱的影响演变为说唱形式的滩簧调，到清道光年间，已有上手（男角）、下手（女角，由男子装扮）操胡琴，击响板，自奏自唱的"对子戏"，后又发展成由三个以上演员装扮人物，另设专人操乐器伴奏的"同场戏"。为区别于其他地区的滩簧，称做本地滩簧，简名"本滩"。辛亥革命前后，本滩进入游艺场，1914年，邵文滨、施兰亭、丁少兰等发起组织"振新集"，从事本滩改良，易名为"申曲"。1953年成立了第一个国家沪剧演出团体——上海人民沪剧团（上海沪剧院前身）。

● 淮 剧

淮剧又名江淮戏，流行于江苏、上海和安徽部分地区。清代中叶，江苏盐城、阜宁一带，民间流行着一种由农民号子和田歌"雷雷腔""栽秧调"发展而成的说唱形式"门叹词"，形式为一人单唱或二人对唱，仅以竹板击节。后与苏北民间酬神的"香火戏"结合演出，被称为"江北小戏"。之后，又受徽戏和京戏的影响，在唱腔、表演和剧目等方面逐渐丰富，形成了淮剧。1912年，淮剧艺人何孔德、陈达三等，把淮剧带到上海演唱。淮剧的传统剧目有《对舌》《赶脚》《巧奶奶骂猫》《秦香莲》《蓝玉莲》《王二英》《苏迪英》《白蛇传》《岳飞》《千里送京娘》《状元袍》《官禁民灯》等。

● 绍 剧

绍剧又名"绍兴乱弹""绍兴大班"。流行于浙江省绍兴、宁波、杭州地区及上海一带。明嘉靖年间，余姚腔、弋阳腔盛行，绍兴一带出现了"调腔"。初为堂名班等坐唱形式，一人兼唱多行脚色，并以大锣、大鼓、铙钹伴奏。搬上舞台后，称绍兴高调班。明末清初，昆腔盛行，继而乱弹传入，高调班纷纷兼唱昆腔和乱弹，形成三全班。至乾隆年间，盛极一时，多以"群玉"二字做班名。到了咸丰、同治年间，高腔和昆腔逐渐失去观众，特别在农村，乱弹备受欢迎，于是艺人改唱乱弹为主，称绍兴乱弹班。绍剧传统剧目主要有《高平关》《后朱砂》《千秋鉴》《龙虎斗》《双贵图》《双核桃》《龙凤锁》《和番》《醉酒》《男吊》《女吊》《调无常》等。

● 豫 剧

豫剧也称河南梆子、河南高调。因早期演员用本嗓演唱，起腔与收腔时用假声翻高尾音带"讴"，又叫"河南讴"。在豫西山区演出多依山平土为台，当地称为"靠山吼"。豫剧在声腔上属梆子腔系。豫剧的角色行当分四生、四旦、四花脸。据1956年统计，传统剧目有647个。1949年以来整理、改编的传统戏有《红娘》《花木兰》《穆桂英挂帅》等；创作改编的现代戏有《朝阳沟》《刘胡兰》《李双双》《人欢马叫》等。其中《花木兰》《穆桂英挂帅》《唐知县审诰命》（《七品芝麻官》）、《秦香莲》（《包青天》）、《朝阳沟》《人欢马叫》等均摄制成影片。

● 锡　剧

锡剧流行于江苏南部和上海一带。发源于太湖之滨的无锡、常州农村，初为乡民用当地的民歌小曲说唱故事以自娱，称为"东乡调"，后逐渐发展成曲艺形式的"滩簧"。由于语音唱腔略异，分"无锡滩簧"和"常州滩簧"。之后，滩簧吸收了江南民间舞蹈"采茶灯"的身段动作，开始演唱生活中的小故事。多为二人一档，在农村中活动，所演节目只有一旦、一生（或一丑）两个角色，如《双落发》《磨豆腐》《拔兰花》《庵堂相会》，称为"对子戏"。进入城市后，又发展为多至几十人同场演出的"大同场戏"，剧目也增加了《珍珠塔》《玉蜻蜓》《孟姜女》《孟丽君》《玉连环》等大戏。辛亥革命前后，无锡、常州的滩簧戏，正式搬上舞台，并先后进入上海，不久逐渐合班演出，改称"常锡文戏"，1952年定名为锡剧。

● 昆　剧

昆剧是一种戏曲声腔、剧种，简称昆腔、昆曲或昆剧。元代后期，南戏流经昆山一带，与当地语音和音乐相结合，经昆山音乐家顾坚的歌唱和改进，推动了它的发展，至明初遂有昆山腔之称。明嘉靖十年至二十年间，居住在太仓的魏良辅借张野塘、谢林泉等民间艺术家的帮助，总结北曲演唱艺术的成就，吸取海盐、弋阳等腔的长处，对昆腔加以改革，总结出一系列唱曲理论，从而建立了委婉细腻、流利悠远，号称"水磨调"的昆腔歌唱体系。它的剧目丰富，曲调清新婉转，表演优美动人。乐队以笛子主奏，兼用管（箫）、笙、琵琶等乐器。它的音乐曲牌、表演舞蹈对其他剧种影响很大。昆曲有南昆、北昆之分，流行于北方地区的称为北昆，流行于江浙一带者称为南昆。

● 黄梅戏

黄梅戏原名黄梅调、采茶戏，是在皖、鄂、赣三省毗邻地区以黄梅采茶调为主的民间歌舞基础上发展而成。其中一支东移到以安徽怀宁为中心的安庆地区，用当地语音歌唱，被称为怀腔或怀调，这就是今日黄梅戏的前身。黄梅戏的发展大致经过了三个阶段。第一阶段，约从清代乾隆末期到辛亥革命前后。初从歌舞发展成"两小戏"和"三小戏"，后又吸收当地流行的一种叫"罗汉桩"的说唱艺术，并受青阳腔和弹腔

（指徽调）的影响，产生了故事完整的本戏。第二阶段，从辛亥革命到1949年。黄梅戏逐渐职业化，并从农村草台走上了城市舞台。第三阶段，中华人民共和国成立后，黄梅戏迅速发展，从流行安庆一隅的民间小戏，一跃而成为安徽的地方大戏。其中《天仙配》《女驸马》《牛郎织女》《小店春早》已摄制成影片。

● 评 弹

评弹是评话和弹词的总称，又称苏州评弹、说书或南词，是一门古老的说唱艺术。起源于苏州，流行于富饶美丽的长江三角洲地区。在四百多年前的明代，苏州地区已经有说书活动。评话，只有说，没有唱；弹词有说有唱。评话的演出内容大都是以历代兴亡的英雄史诗和侠义公案为题材，主要书目有《三国》《水浒》《英烈》《隋唐》和《七侠五义》等。因为评话的演出内容和表演风格比较粗犷、豪放，所以评话又称"大书"。弹词的题材，大多是讲家族兴衰和爱情故事，主要书目有《珍珠塔》《玉蜻蜓》《白蛇传》《三笑》等。因为弹词的题材比评话要小，表演风格也比评话纤细、柔和，所以弹词又称"小书"。评弹用的语言是苏州方言，表演分为说、噱、弹、唱、演等。

● 秦 腔

也称"乱弹"，是现存最古老、最大的剧种，被誉为百戏之源，流行于中国西北地区的陕西、甘肃、青海、宁夏、西藏一带。秦腔唱腔为板式变化体，分欢音、苦音两种，前者长于表现欢快、喜悦情绪；后者善于抒发悲愤、凄凉情感。依剧中情节和人物需要选择使用。板式有慢板、二六、代板、起板、尖板、滚板及花腔，拖腔尤富特色。主奏乐器为板胡，发音尖细、清脆。秦腔角色分为老旦、正旦、小旦、花旦、武旦、媒旦、老生、须生、小生、大净、毛净、丑角等十几种，其表演朴实、粗犷、细腻、深刻，以情动人，富有夸张性。角色行当分为四生、六旦、二净、一丑，计十三门，又称"十三头网子"。其剧目将近三千个，多取材于历史故事，如列国故事、三国故事，也有神话、民间故事和各种公案戏。

● 评 剧

评剧又名"平腔梆子戏"，俗称"唐山落子""蹦蹦戏"，是中国北方地区的代表戏种之一，主要在华北、东北等地流行。它是在莲花落、蹦蹦戏的音乐基础上，逐步吸收并借鉴梆子、京剧的唱法形成的。评剧的唱腔属板腔体，曲调流畅自然。它的板式结构分为尖板、搭调、大安板、慢板、小安板、三捶、倒板、垛板、流水板，并有反调。伴奏以板胡为主，打击乐器与京剧大体相同。在近百年的历史中，评剧留下了许多脍炙人口的经典剧目：《花为媒》《牧羊圈》《打金枝》《杜十娘》《人面桃花》《玉堂春》《马寡妇开店》等。在现代戏的创作中，评剧也硕果累累，《小女婿》《刘巧儿》《金沙江畔》《祥林嫂》《江姐》《洪湖赤卫队》是其中的典型代表。

● 汉　剧

汉剧俗称"二黄"，又有"楚剧""汉调"两种叫法。它是湖北主要的戏曲剧种。主要流行于湖北省境内的长江、汉水流域以及河南、湖南、陕西、四川部分地区。汉剧的主要声腔为"西皮""二黄"。汉剧唱腔除了以板腔体的西皮、二黄两类声腔为主外，还兼有歌腔、昆曲、杂腔、小调等曲调。在汉剧中，锣鼓地位不可或缺。它打法多样，分为大打、小打和串打。其中，串打配以马锣，节奏感强，气氛强烈。汉剧的角色分为十大行：一生、二旦、三净、四末、五丑、六外、七小、八贴、九夫、十杂。现存汉剧剧目数有六百六十多个，多是历史演义故事和民间传说，如《英雄志》《李密降唐》等。汉剧还有很多杂腔小调和丰富的曲牌，专唱曲牌的剧目有《大赐福》《草场会》《五才子》等。

● 川　剧

川剧是以昆、高、胡、弹、灯五种声腔为一体而构成的剧种，主要在四川、云南和贵州三省流行。早期的川剧有川西、资阳、川北、下川东等不同的支派。目前川剧的主要流派有：旦行的浣（花仙）派、丑行的傅（三乾）派、武行的曹（俊臣）派等。川剧的一大特色是运用托举、开慧眼、变脸、钻火圈、藏刀等特技来刻画人物性格，展现舞台多彩而神秘的气氛。此外，锣鼓在营造川剧音乐氛围中起着举足轻重的作用。常用的锣鼓有小鼓、堂鼓、大锣、大钹、小锣（兼铰子），统称为"五方"，加上弦乐、唢呐为七方，由小鼓指挥。川剧的角色有生、旦、净、末、丑、杂等六类。川剧的剧目有两千余种。代表剧目有"五袍"：《青袍记》《绿袍记》《黄袍记》《白袍记》《红袍记》；"四柱"：《碰天柱》

《水晶柱》《九龙柱》《五行柱》;"四大本头":《金印记》《琵琶记》《红梅记》《投笔记》。

● 芗　剧

芗剧是流行于福建漳州芗江一带的地方剧种。其前身是台湾歌仔戏,两者之间有很密切的血缘关系。明末清初大批闽南人随郑成功移居台湾,同时带去了锦歌、车鼓弄、采茶褒歌等曲艺说唱,至20世纪20年代开始融合为小戏演出。后受正字戏、高甲戏、潮剧、京剧的影响,逐渐丰富、定型。芗剧的传统剧目有五百多个,剧目除取材于锦歌唱本如《陈三五娘》《孟姜女》外,还吸收了其他剧种的不少剧目,如《薛刚反唐》《千里送京娘》等。

● 莆仙戏

莆仙戏原名"兴化戏",流行于古称兴化的莆田、仙游二县及闽中、闽南的兴化方言地区。其戏班足迹遍及福州、厦门、晋江、龙溪、三明等地市和海外华侨聚居地。它是在古代"百戏"的基础上发展形成的。莆仙戏的行当沿袭南戏旧规,原来只有生、旦、贴生、则旦、靓妆(净)、末、丑等七个角色,俗称"七子班"。莆仙戏的声腔主要是"兴化腔",综合莆仙的民间歌谣俚曲、十音八乐、佛曲法曲、宋元词曲和大曲歌舞而形成,用方言演唱,具有浓厚的地方色彩和风味。莆仙戏传统剧目有五千多个,保留宋元南戏原貌或故事情节基本类似的剧目有八十多个。其中,《琴挑》《团圆之后》《春草闯堂》《状元与乞丐》等剧目比较有名。

● 梨园戏

梨园是古代对戏曲班子的别称。梨园戏就是对流行于福建晋江、泉州、厦门、龙溪等闽南语系地区的古老戏曲剧种上路老戏、下南老戏和戏子(又称七子班)的统称。在发展进程中又分为大梨园(成人班)和小梨园(孩儿班)。梨园戏的行当早期只有生、旦、净、丑、贴、外、末七个角色,俗称七子班。大梨园则多了老贴和二旦,但一般不超过七人,因角色少,通常要兼扮,所以只能演文戏。梨园戏的表演优雅、细腻,有一套极其严谨的程式,如"举手到眉毛,分手到肚脐,拱手到下颏"等,称为十八步科母。梨园戏的唱腔以南曲为主,在唱念方面,要求"明句读",

讲究"喜怒哀乐，吞吐浮沉"。音韵上保留了许多古语言。方言土腔一律以泉州音为准，但也注意到不同人物身份与地方色彩。常见剧目有《陈三五娘》《李亚仙》《胭脂记》《苏秦还乡记》《王魁负桂英》《吕蒙正》《朱文太平钱》《刺桐舟》《燕南飞》等。

● 上党梆子

上党梆子也叫东路梆子，明末清初兴起于今晋城一带，因流行于山西省晋东南地区（古上党郡）而得名，当地人称其为"大戏"。清代中叶上党梆子曾流传到山东菏泽和河北邯郸，形成山东枣梆和河北西调两个剧种。上党梆子的行当有须生、净角、青衣和武小生。上党梆子剧本现存四百余个，其中表现杨家将、岳家军的剧目较多，《闯幽州》《雁门关》等都是代表性剧目。

● 蒲　剧

蒲剧即"蒲州梆子"，当地人通称"乱弹戏"，因兴于山西晋南古蒲州（今永济）一带而得名。它是山西四大梆子中最古老的一种，约形成于明代嘉靖年间，主要流行于山西及陕西、河南、甘肃、青海、内蒙、河北等部分地区。蒲剧的角色行当有须生、老生、小生、正旦（青衣）、小旦、老旦、大花脸（大净）、二花脸（净）、三花脸（丑）。蒲剧的特技有胡子功、翅子功、翎子功、梢子功（甩发）、鞭子功、椅子功、扇子功以及耍纸幡、彩功等。蒲剧传统剧目有本戏、折戏五百多个，题材上至远古，下至明清。传统剧目有《薛刚反朝》《三家店》《窦娥冤》《燕燕》《西厢记》《赵氏孤儿》等，新编历史剧有《白沟河》《港口驿》，现代戏有《小二黑结婚》等，其中《窦娥冤》已摄制成影片。

● 晋　剧

晋剧即山西梆子、中路梆子，也叫中路戏。因兴起于晋中汾阳、孝义、祁县、太谷及太原而得名，发展过程中吸收了晋中地区民歌、秧歌等民间艺术韵调。晋剧传统的乐队由九人组成，旧称"九手面"。晋剧的行当有"三大门"（须生、正旦、大花脸）与"三小门"（小生、小旦、小花脸）之分。传统剧目有《渭水河》《困铜台》《出棠邑》《三劈关》《白蛇传》《假金牌》《明公断》《沙陀国》《海神庙》《打渔杀家》，武功戏《战宛城》《白水滩》《告御状》《火焰驹》《长坂坡》《伐子都》

135

《梵王宫》《百花亭》《凤台关》《破洪州》。

● 北路梆子

北路梆子，又名"上路戏"，大约形成于16世纪中叶，19世纪初叶已趋成熟。流行于山西北中部、内蒙中西部、河北西北部及陕西北部，是华北地区较有影响的剧种之一。北路梆子的行当分三大门（须生、正旦、花脸）、三小门（小生、小旦、小丑）与杂扮。北路梆子的代表剧目有《王宝钏》《金水桥》《血手印》《李三娘》《访白袍》《四郎探母》《劈殿》等，以反映历史题材为主。

● 河北梆子

河北梆子为河北省的主要地方戏曲剧种，有二百多年的历史。它是梆子声腔系统的一个重要支脉，大约形成于清嘉庆、道光年间，在河北全省传唱甚广。它结合了山西、陕西梆子的特点，与河北高腔交流、融合而成。梆子角色分为生、旦、净、丑四行。河北梆子剧目有两大类，即传统戏剧目与时装戏剧目。传统剧目代表作有《杨家将》《庆顶珠》《宝莲灯》《铡美案》《蝴蝶杯》《秦香莲》《南北合》《春秋配》《斩子》等。

● 闽　剧

闽剧，又称"福青戏"，流行于闽中、闽东、闽北等福州方言地区以及台湾、南洋等地。辛亥革命前后，福州的儒林班、江湖班、平讲班，互相吸收音乐唱腔和表演艺术，彼此借鉴、移植上演剧目，逐渐发展成为"闽班"。1924年，《紫玉钗》正式以"闽剧"取代了旧时"闽班"之称。闽剧的角色分行，早期只有生、旦、丑三个角色，俗称"三小戏"，后来吸收徽班、京剧的分行，角色渐趋完整。闽剧的传统剧目有一千多个，大都取材于民间传说、历史演义或古代传奇、杂剧。代表剧目有传统戏《陈若霖斩皇子》《双玉蝉》《六离门》《夫人城》《闹灯会》及现代戏《九命沉冤》《海上渔歌》《红桥》等。

● 高甲戏

高甲戏又名"弋甲戏""九角戏""大班""土班"，是闽南诸剧种中流播区域最广、观众最多的一个地方戏曲剧种，源于明末清初闽南农村流行的一种装扮梁山英雄、表演武打技术的化装游行。高甲戏以武戏、丑旦戏和公案戏居多，演出剧目分为"大气戏"（宫廷戏和武戏）、"绣房戏"和"丑旦戏"三大类，生旦戏较少。代表剧目有《扫秦》等。

● 二人转

二人转是东北的民间小戏。二人转不只是两个人转，有多种演出形式，大体可分单、双、群、戏四类。单——单出头，一个人一台戏，一人演多角，也有一戏一角一人演的，类似独角戏；双——双玩意儿，二人演多角，叙事兼代言，跳出跳入，载歌载舞；群——过去把拉场戏也叫群活儿，现在是指群唱、坐唱或群舞；戏——拉场戏，这是以小旦和小丑为主的东北民间小戏，其中由两个人扮演角色的也叫二人戏。二人转的传统剧目有三百多个，其中影响较大的有《蓝桥》《西厢》《包公赔情》《杨八姐游春》等（双玩意儿），有《王二姐思夫》（又名《摔镜架》）、《红月娥做梦》《丁郎寻父》等（单出头），有《回杯记》《锯大缸》《寒江》《拉马》《二大妈探病》等（拉场戏）。二人转的唱腔，素有"九腔十八调七十二嗨嗨"之称，共三百多个。唢呐、板胡是二人转的主奏乐器。击节乐器，除用竹板（两块大板和五块节子板）外，还用玉子板，也叫手玉子（四块竹板，一手打两块）。二人转的表演，有"四功一绝"，四功是指"唱、说、做（或扮）、舞"，"一绝"是指手绢、扇子、大板、玉子板等"绝技"。

● 吉 剧

吉剧是在二人转的基础上发展形成的。从1959年至今，吉剧共创作改编和排练演出了近二百个大、中、小剧目，其代表作为《包公赔情》《青卖线》《桃李梅》等。吉剧的行当有生、旦、净、末、丑之分，其表演技巧是在二人转的五功，即唱、扮、舞、说（口说）、绝（手绢、扇子等绝活儿）的基础上，采撷其他剧种的长处，逐渐形成的。手绢功是吉剧的特长。吉剧中长水袖的甩法也吸收了二人转的手绢和长绸子舞的技巧。吉剧的音乐以二人转的主要曲牌"文嗨嗨""武嗨嗨""红柳子""三节板""哭糜子""穷生调"等为原始基调，伴奏乐器以板胡、唢呐、筝为主，并在东北管的基础上，创造了善于抒情的吉剧喉管。

● 中国话剧

中国话剧是19世纪末、20世纪初移植到中国的外来戏剧样式。为与传统舞台剧、戏曲相区别，被称为话剧。中国话剧大体经历了五个发展阶段。一是新剧时期：1906年，受日本"新派"剧启示，留日学生曾孝谷、李叔同等组织春柳社。1907年在日本东京演出《茶花女》《黑奴吁天录》。同年，王钟声等在上海组织"春阳社"，演出《黑奴吁天录》，这就是"话剧在中国的开场"。这种以对话为主要手段的舞台剧被称为新剧，后称文明戏。二是爱美剧时期：1919年"五四"新文化运动的重要人物胡适、陈独秀、傅斯年等人对新剧启发民众觉悟的力量给予特别的关注，推崇、介绍易卜生的社会问题剧。1919年胡适发表的独幕剧《终身大事》是他们主张的代表。欧阳予倩、洪深、田汉被公认为中国话剧的奠基人。三是左翼戏剧时期：在中国共产党领导下，1929年上海艺术剧社成立，提出"无产阶级戏剧"的口号。四是抗日战争与解放战争时期：抗日战争爆发后，中国话剧开始了大普及、大发展、大繁荣的阶段。五是中华人民共和国时期：1949年7月中国戏剧工作者协会（后改名为中国戏剧家协会）在北京成立，中国话剧开始了新的发展阶段。

● 四大徽班

中国清代乾隆年间北京剧坛的四个戏班，即三庆班、四喜班、和春班、春台班，多以安徽籍艺人为主，故名。乾隆五十五年（1790年），为给乾隆帝弘历祝寿，从扬州选中了以戏曲艺人高朗亭为台柱的三庆班入京，是为徽班进京演出之始，之后又有四喜班、启秀班、霓翠班、和春班、春台班等安徽戏班相继进京。在演出过程中，六个戏班逐渐合并为四大徽班。时值京腔（高腔）、秦腔已先行流入北京，徽班在演唱二黄、昆曲、梆子诸腔的基础上，兼容并蓄，呈现"四徽班各擅胜场"的局面。嘉庆、道光年间，徽班兼习汉调之长，为汇合二黄、西皮、昆腔、秦诸腔向京剧演变奠定了基础。四大徽班进京，被视为京剧诞生的前奏。清末，四大徽班相继散落。

● 七行七科

京剧班社旧有"七行七科"之说，七科为音乐、剧装、容妆、盔箱、剧通、交通、经励，七行即生行、旦行（亦称占行）、净行、丑行、杂行、武行、流行。

● 脸　谱

是具有民族特色的一种特殊的化妆方法。因为每个历史人物或某一种类型的人物都有一种大概的谱式，就像唱歌、奏乐都要按照乐谱一样，所以称为"脸谱"。关于脸谱的来源，一般的说法是来自假面具。京剧脸谱是根据某种性格、性情或某种特殊类型的人物为标准采用某些色彩的。京剧脸谱的色画方法基本上分为三类：揉脸、抹脸、勾脸。脸谱最初的作用，只是夸大剧中角色的五官部位和面部的纹理，用夸张的手法表现剧中人的性格、心理和生理上的特征，以此来为整个戏剧的情节服务，可是发展到后来，脸谱由简到繁、由粗到细、由表及里、由浅到深，本身就逐渐成为一种具有民族特色的、以人的面部为表现手段的图案艺术了。

● 变　脸

变脸属中国戏曲的情绪化装。用于表现剧中人物情绪的突然变化，或惊恐，或绝望，或愤怒等。它最先用于神怪角色，明代已有，明杂剧《灌口二郎斩健蛟》中就有"变化青脸"的记载。当时的变脸是演员进入后台改扮。后来逐渐演变为当场变脸，成为一项表演特技，不少地方剧种都有，尤以川剧最为著名。变脸有大变脸、小变脸之分。大变脸系全脸都变，有三变、五变乃至九变，小变脸则为局部变脸。变脸的主要手法有抹暴眼、吹粉、扯脸。

● 四大声腔

中国戏曲四大声腔系统是指皮黄腔、昆腔、梆子腔、高腔。梆子腔——因以硬木梆子击节为特色而得名，源于明末陕西、甘肃一带的西秦腔，它是戏曲中最早采用板式变化结构的声腔，梆子腔的代表剧种有秦腔、豫剧、晋剧、蒲剧、河北梆子、山东梆子、滇剧的丝弦腔、川剧的弹戏等。皮黄腔——西皮和二黄的合称。西皮起源于秦腔，二黄是由吹腔、高拨子演变而成，在有些剧种中，二者被分称为所谓北路、南路，合称南北路。皮黄腔系大概有二十多个剧种，主要有徽剧、汉剧、京剧、粤剧、湘剧、川剧、桂剧、赣剧、滇剧等。昆腔——又名昆山腔、昆曲、昆剧。高腔——高腔系统包括由明代弋阳腔演变派生的诸声腔剧种。属于此系统的剧种有川剧、湘剧、赣剧、滇剧、辰河戏、调腔等。

● 明代四大声腔

明代四大声腔是对中国明代南曲系统的浙江海盐腔、浙江余姚腔、江西弋阳腔和江苏昆山腔的合称。明代戏曲，在音乐上出现明显的地方化趋势，主要表现为地方声腔的崛起。徐渭在嘉靖三十八年（1559年）所作的《南词叙录》中对四大声腔的流布地区如是记载："今唱家称弋阳腔，则出于江西，两京、湖南、闽、广用之；称余姚腔者，出于会稽，常、润、池、太、扬、徐用之；称海盐腔者，嘉、湖、温、台用之；唯昆山腔止行于吴中，流利悠远，出乎三腔之上，听之最足荡人。"可见，四大声腔在嘉靖之前已经形成，并在江南地区广泛传唱。对后世戏曲影响最大的是弋阳腔和昆山腔，弋阳腔发展为全国影响广泛的高腔系统，昆山腔发展成典雅、细腻的昆曲。弋阳腔一直在民间流布，有着较强的生命力。特别是到了明末，更获得观众的喜爱，由依附昆曲剧目"改调歌之"，到独立创作剧目，逐步与昆山腔分庭抗礼。

● 文武场

戏曲乐队中管弦乐部分称为文场，打击乐部分称为武场，合称文武场，或叫场面。文场的作用主要是为演唱进行伴奏，并演奏为配合表演而用的场景音乐。文场乐器包括：曲笛——竹制乐器，有八孔，吹孔一个，指孔六个，膜孔一个；唢呐——簧管乐器，由芯子、管子和碗子组成；板胡——拉弦乐器，胡琴的一种；京胡——拉弦乐器，胡琴的一种，形状似二胡，只是比其略小；京二胡——拉弦乐器，比京胡略大；琵琶——弹拨乐器，音箱半梨形，以桐木蒙面，琴颈向后弯曲；月琴——弹拨乐器，类似琵琶；阮——弹拨乐器；弦子——又称小三弦，琴颈很长，琴体较小，两面蒙蟒皮。武场的主要任务是配合演员的身段动作、念白、演唱、舞蹈、开打，使其起止明确、节奏鲜明，场次的转换、舞台情绪渲染等也都由武场承担。武场乐器包括：锣——打击乐器，扁圆形，铜制，有大、小锣之分，在演奏方式上亦有区别；钹——打击乐器，俗名铙钹或水镲；鼓板——打击乐器，由一个单皮鼓和一副檀板组成，由乐队中的鼓师掌管；鼓——打击乐器。

博弈娱乐

　　博弈又称博戏，它与中国人的生活紧密相连，从围棋、象棋到马吊、纸牌、麻将，一直到各种各样的彩票游戏，都与博弈有着千丝万缕的关系，一种别具风情的博弈文化也就自然形成。

● 博　弈

　　博弈又称博戏，是一门古老的游戏。据《史记》和其他有关文字的记载，博戏的产生至少在商纣王之前。我国最早的博戏叫"六博"，有六支箸和十二个棋子，箸是一种长形的竹制品，相当于今天打麻将牌时所用的骰子。据《颜氏家训·杂艺》所载，博戏分大博、小博。大博的行棋之法已不可考，小博的玩法在《古博经》里有比较详细的记载。汉魏以后，博戏发生了根本性的变化。博戏中的棋子独立出来，向象棋方向发展，成为一种游戏。而博戏的琼变为五木，即五个木制的骰子，也独立成为一种博戏用具，称为樗蒲，以掷点分胜负。相传这又是曹植所造的骰子，当时用玉制成，后改用骨制。变五木为两骰，立方体，其六面刻点，点数从一到六，所以当时又叫"双六"。博戏到了唐代，骰子成为一种独立的博具，并且由两个骰子变为六个骰子。据《西墅记》所载，唐玄宗与杨贵妃掷骰子戏娱，唐玄宗战况不佳，只有让六个骰子中的两个骰子同时出现"四"才能转败为胜。于是，唐玄宗一面举骰投掷，一面连呼"重四"。骰子停定，正好重四。唐玄宗大悦，命令高力士将骰子的四点涂为红色，因此直到今天，骰子的幺、四两面为红色，其余四面都是黑色。千百年来，博弈与中国人的生活紧紧相连，从围棋、象棋到马吊、纸牌、麻将，一直到各种各样的彩票游戏，都与博弈有着千丝万缕的关系，一种别具风情的博弈文化也就自然形成。

● 彩　选

　　唐宋时博戏，相传为唐代的李部所创制，意在讽刺"任官失序，而廉耻路断"，"言其无实，唯彩胜而已"。后来有人仿照李郃的升官图作彩选格。具体方法是把京外文武大小官位写在纸上，另用骰子掷之，依点数彩色以定升降：一为赃，二、三、五为功，四为德，六为才，遇一降罚，遇四超迁，二、三、五、六亦升转。

● 扑　卖

宋元时民间流行的一种博戏。用钱币为具，以字幕定输赢。市间杂卖也可用此法售物，买家获赢，即可折价购物。

● 马　吊

到明代天启年间，本来作为游戏的附属品筹码，经过逐渐演变，成为一种新的戏娱用具，即马吊牌。马吊牌是一种纸制的牌，全副牌有四十张，分为十万贯、万贯、索子、文钱四种花色。十万贯、万贯的牌面上画有《水浒》好汉的人像，万万贯自然派给了宋江，意即非大盗不能大富。索子、文钱的牌面上画索、钱图形。马吊牌名称的由来，历来说法不一。但根据此牌是从马子演变而来，牌面上所画又都与钱有关：文钱是钱，一贯是一千文钱，索是穿钱的绳子，即钱串，而且古时一千文钱也叫一吊钱，从中似乎可以看到"马"与"吊"的影子。若如此认识，马吊牌的名称的含义便不言自明，翻译过来，大概是"关于钱的牌"。

● 骰　子

骰子的发明人相传是三国时代的文学家曹植，最初用作占卜工具，后来才演变成后宫嫔妃的游戏，掷骰子点数赌酒或赌丝绸香袋等物。当时骰子的点穴上涂的是黑色，在唐代才增加描红。自清代开始，骰子的娱乐方式被基本确定下来，一般采用三枚骰子和下骰盅。最简单的骰盅可用木碗或瓦钵替代，下面垫上一块底板，扔骰时用骰盅盖上，庄家和玩家均不知道骰子的点数。这种方法带有神秘感，便于庄家营造气氛，以使玩家聚台下注。在赌场，则有制作精美、与盅相配的骰盅赌具，名称叫作骰宝。为防荷官疏忽摇骰或作弊，一代赌神叶汉发明了电动骰宝，迄今仍在澳门赌场使用。骰子应用十分广泛，现在社会上流行有各种定位骰子、黄金骰子、打破无物骰子、感应骰子、遥控骰子等。

● 叶子戏

　　叶子戏最早出现在唐代，见于唐人苏鹗的《同昌公主传》。发明叶子戏的是唐代著名天文学家张遂（一行和尚），供唐玄宗与宫娥玩耍。至清代，样式及打法已基本完善，并有逐渐演变至马吊牌的说法。因此，英国科学家李约瑟在《中国科学技术史》中，将桥牌的发明权归于中国人。美国《纽约时报》桥牌专栏主编艾伦·特拉克斯特甚至有"中国是桥牌的故乡"一说。叶子戏于元代传到西方，变化成塔罗牌及现代扑克，在中国则逐渐演变成麻将及牌九。

● 麻　将

　　麻将，四人骨牌博戏，流行于华人中，是中国历史上一种最能吸引人的博戏形式。麻将起源于中国，原属皇家和王公贵胄的游戏，其历史可追溯到三四千年以前。在长期的历史演变过程中，麻将逐步从宫廷流传到民间，到清朝中叶基本定型。对于麻将的起源，说法很多，最典型的有三种。第一种：明朝一个名为万饼条的人在"叶子戏"的基础上创造的，以自己的名字"万、饼、条"作为三种基础花色。第二种：麻将基本张数为108张，代表着《水浒传》里的108位好汉，"东南西北"代表这些好汉来自东南西北四面八方，"中发白"是说这些人有的是中产阶级，有的是高官贵族，有的则是白丁出身。第三种：麻将本是江苏太仓的"护粮牌"。在江苏太仓县曾有皇家的大粮仓，每年因雀患而损失了不少粮食。管理粮仓的官吏为奖励捕雀护粮者，便以竹制的筹牌记捕雀数目，凭此发放酬金，这就是太仓的"护粮牌"。这种筹牌上刻着各种符号和数字，既可观赏，又可游戏，也可作为兑取奖金的凭证。这种护粮牌，其玩法、符号和称谓术语无不与捕雀有关。例如，"筒"的图案就是火药枪的横截面，"筒"即枪筒，几筒则表示几支火药枪。"索"即"束"，是用细束绳串起来的雀鸟，所以"一索"的图案以鸟代表，几索就是几束鸟，奖金则是按鸟的多少计算的。"万"就是赏钱的单位，几万就是赏钱的数目。此外，"东南西北"为风向，故称"风"，火药枪射鸟应考虑风向。"中"即射中之意，故为红色；"白"即白板，放空炮；"发"即发放赏金，领赏发财。麻将玩法的术语也与捕雀护粮有关。如"碰"即"嘭"的枪声，又如成牌叫"和"，与"鹘"谐音，"鹘"是一种捕雀的鹰，还有"吃""杠"等术语也与捕鸟有关。那么为何又叫

"麻将"呢？因为在太仓方言中"麻雀"被称为"麻将"，打麻雀自然也就叫成为打麻将了。

● 斗蟋蟀

斗蟋之戏，源于唐，著于宋，盛于明清。南宋在斗蟋史上是著名的朝代。南宋曾有一位有名的"蟋蟀宰相"，即南宋将亡之际的权相贾似道。此人曾以右丞相之职领兵救鄂州（今湖北武昌），但他畏敌如虎，私向蒙军统帅忽必烈求和，答应称臣纳贡。贾似道作为一代权相，以斗蟋蟀误国，然而作为斗蟋爱好者，却编写了世界上第一部关于蟋蟀研究的专门著作——《促织经》。《促织经》原著今已不传，现在见到的是明朝人周履靖的续增本，全书详细介绍了捕捉、收买、喂养、斗胜、医伤、治病、繁殖等方法。明清两代历时543年，斗蟋之风经久不衰，其中出了一位酷好"促织之戏"的皇帝——宣德皇帝，岁岁有征，民不堪扰，为进贡一只蟋蟀而倾家荡产、家破人亡者不计其数。清代文学家蒲松龄曾以此为题材写成短篇小说，名为《促织》。近人将此故事改编为电影上映，直题其名为《蟋蟀皇帝》。

● 斗　鸡

供竞赛和娱乐用的鸡品种，肌肉发达，性强悍，好斗，又名打鸡、咬鸡、军鸡。斗鸡游戏起源于亚洲，中国是世界上驯养斗鸡的古老国家之一，《列子》有"纪渚子为周宣王养斗鸡"的记载。斗鸡之风在春秋时期已较盛行。中国斗鸡按其地理分布主要有河南斗鸡、山东斗鸡等，尤以产于开封、郑州和洛阳等地的河南斗鸡血统较纯，也更著名。此外，还有安徽北部、新疆吐鲁番和伊犁、云南西双版纳和福建漳州所产的斗鸡等。唐代文学家韩愈曾用诗描写斗鸡的场面："裂血失鸣声，啄殷甚饥馁。对起何急惊，随旋诚巧给。"孟郊也写过有关斗鸡的诗："事爪深难解，嗔睛时未息。一喷一醒然，再接再厉乃。"

● 斗　鸟

汉族民间游戏，流行于江南地区。斗鸟的方式有两种：一是隔笼相斗，将两只鸟放进一只大鸟笼，中间隔开，争斗几个回合后，高声鸣叫的即胜；二是混笼相斗，将两只鸟放入一只大鸟笼里，任其角斗，往往斗得羽毛脱落，头破血流，当场死亡，仍活着或后死去的鸟获胜。旧时有用斗鸟赌博的，现已破除，但游戏仍传承至今。鸟类动物体形一般都较小，但是其性情也十分凶猛，善争好斗的鸟类不计其数，八哥、画眉、鹩鸒、鹌鹑等都十分喜好相斗，因此中国古代斗鸟游戏也一直十分盛行。如《清稗类钞》中的"斗鹩鸒"："羽族中有俗呼黄脰者，即鹩鸒，为小鸟之一种。性喜争斗……每当春夏之交，各出所养者，隔笼相斗。"《清嘉录》中的"斗鹌鹑"："霜降后，斗鹌鹑角胜……。每斗一次，谓之一圈。斗必昏夜。"

● 捶　丸

捶丸，来源于唐代的"步打球"，与现代曲棍球十分相似。但到了宋朝，步打球由原来的对抗性竞赛逐渐演变为非对抗性比赛，取消了球门，改用球穴，球进穴得一分。竞赛形式变了，名称随之改变，叫"捶丸"。"捶"即击，"丸"即球。元代的《丸经》对捶丸活动的场地、设备、竞赛方式与裁判规则等，进行了详细记载。即根据地形选择场地，做球穴。球则用坚固的木料制成，棒用木竹合制。竞赛时人数可三人至十人，双数可分成两班比赛，类似于今天的高尔夫球。故宫收藏的明朝《宣宗行乐图》、明朝杜堇所画的《仕女图》，都表现了捶丸的比赛。

● 蹴　鞠

"蹴鞠"一词，最早载于《史记·苏秦列传》，苏秦游说齐宣王时形容临菑："临菑甚富而实，其民无不吹竽、鼓瑟、蹋鞠者。"蹴鞠又名"蹋鞠""蹴球""蹴圆""筑球""踢圆"等，"蹴"即用脚踢，"鞠"系皮制的球，"蹴鞠"就是用脚踢球，有直接对抗、间接对抗和白打三种形式。蹴鞠流传了两千三百多年，起源于春秋战国时期的齐国故都临淄，唐宋时期最为繁荣，经常出现"球终日不坠"，"球不离足，足不离球，华庭观赏，万人瞻仰"的情景。以儒家思想为核心的中国传统文化讲求"和"与"中庸"，多数情况下的社会文化心理是重"文治"而轻"武功"。人们推崇谦谦君子的温文尔雅，鄙薄孔武之士的争强好胜。在这种社会文化背景下，蹴鞠由对抗性比赛逐步演变为表演性竞技。

● 马　球

马球，史称"击鞠""击球"等，是骑在马背上用长柄球槌拍击木球的运动，是蒙古族民间马上游戏和运动项目，流行于内蒙古等地。相传唐初由波斯（今伊朗）传入，称"波罗球"，后传入蒙古，相沿至今。球状小如拳，以草原、旷野为场地。游戏者乘马分两队，手持球槌，共击一球，以打入对方球门为胜。马球盛行于唐、宋、元三代，至清代湮没，主要流行于军队和宫廷贵族中。西乾县章怀太子李贤墓中发现的打马球壁画，充分表现了唐代马球运动的场景。据文献记载，唐代的皇帝如中宗、玄宗、穆宗、敬宗、宣宗、僖宗、昭宗都是马球运动的提倡者和参与者，天宝六年（公元747年），唐玄宗专门颁诏，令将马球作为军队训练的科目之一。

● 中国式摔跤

中国最古老的体育项目之一，古代称为角力、角抵、相扑、争跤等。据《礼记·月令》记载，周代把摔跤、射箭和驾车列为军事训练项目。汉代，摔跤作为表演项目演出。晋代，多在元宵节举行摔跤比赛。唐代，多在春秋两季举行比赛，也作为宫廷娱乐的项目。五代时期，摔跤技术强调轻便、敏捷，名手辈出，出现了中国第一部讲摔跤的书——调露子的《角力记》。宋代，出现了女子摔跤，民间有摔跤组织——角抵社。清代设有善扑营，专门训练清朝贵族青年摔跤，他们常为王公贵族表演，或与蒙古族、回族摔跤手比赛，称为官跤，摔跤手和教练员都是终身职业。华北等地的民间摔跤，称为私跤。民国时期，在北京、天津等地有不少人以表演摔跤为职业。1936年，还进行过女子摔跤比赛。

● 拔 河

人数相等的双方对拉一根粗绳以比较力量的对抗性体育娱乐活动。有人认为中国古代的"牵钩"就是早期的拔河运动，源于春秋战国时期。最初拔河主要用于训练士卒在作战时钩拉或强拒的能力，后来被水乡渔民效仿，成为一项民间体育娱乐活动。唐宋以后，拔河渐在民间盛行。唐玄宗时，曾有过千人参加的拔河比赛活动。古代参加拔河的人数比现在多得多。大绳正中插一根大旗，旗的两边画两条竖线，称为河界线。比赛时，以河界线为胜负标志，所以改称"钩拒之戏"为"拔河"。一声令下，河界两边选手紧挽绳索，"使相牵引"，围观者"震鼓叫噪，为之鼓劲"。拔河活动不仅在民间流传，而且在皇宫中举行。近代学堂出现之后，拔河被列入教学与课外活动内容。

● 相　扑

古称素舞，起源于汉代，由两名大力士裸露上身，互相角力，南北朝到南宋时期叫相扑。唐朝时，在日本允恭天皇的葬礼上（公元453年），中国派遣特使到日本表演素舞致意，被认为是中国相扑首次传入日本，对日本原有的相扑带来一定影响，后来成为日本的国技。

● 击　壤

击壤是一项古老的投掷游艺，相传远在帝尧时代已经流行。晋皇甫谧的《高士传》记载："壤夫者，尧时人也。帝尧之世，天下太和，百姓无事。壤夫年八十余而击壤于道中，观者曰：'大哉！帝之德也。'壤夫曰：'吾日出而作，日入而息，凿井而饮，耕田而食，帝何德与我哉！'"壤用木制成，前宽后窄，其形如履（鞋子），玩法是置一壤于地，后退三四十步，以手中之壤击地上之壤，击中为胜。这项游戏因器具简易，颇能激发兴趣的缘故，长期在民间流传，并演变出多种形式，较为人们熟悉的是抛堶，也称飞堶，用白话说就是打瓦，即以砖瓦替代壤木。其原始形态亦长流不竭，清代周亮工的《书影》记载："秣陵童谣有'杨柳黄，击棒壤'。"用于投掷的壤木由鞋形变为圆形的棍棒状。

● 木　射

唐代时发明的一种球的玩法，类似于地滚球，以球击打木柱的运动。其法为置瓶状木柱于地，十柱上有赤书"仁、义、礼、智、信、温、良、恭、俭、让"，五柱上有墨书"慢、傲、佞、贪、滥"等字。参加者抛滚木球以击柱，中赤书者为胜，中墨书者为负，并有赏罚。与近代从西方传入的保龄球极为相似。

● 毽　子

毽子古称"抛足戏具"，是一种用鸡毛插在圆形的底座上做成的游戏器具。踢毽子是中国古代较为盛行的一种游戏，起源于汉代，由蹴鞠发展而来。毽子有鸡毛毽、皮毛毽、纸条毽、绒线毽等。踢毽子的基本动作有盘、磕、拐、蹦四种：盘——用两脚内侧交替踢；磕——用膝盖将毽子弹起；拐——用脚外侧反踢；蹦，主要指用脚尖踢。踢毽子的花样繁多，如旋转踢、脚尖和膝盖交替踢、毽穿圆环（从两手围成的圆圈中穿过）、远吊、近吊、高吊、前踢和后勾，还可用头、肩、背、胸、腹代足接毽或毽绕身不堕等。踢毽子比赛有的比踢的次数，有的比踢毽子的花样和难度。比赛的方式有单人踢和两人对踢，也有集体踢或传踢（即传到某人处，毽落地者算输）。

● 九连环

九连环又名"连环套""巧环"，宋代时就已产生。宋朝周邦彦有《解连环》词云："纵妙手能解连环。"九连环最早是用金属丝制成的，共有圆形小环九个，互相串联在一起。游戏者要想方设法将它们一一解开，然后再一一合起来。明代《丹铅总录》云："九连环，两者互相贯一，得其关掖，解之为二，又合而为一。"后来九连环也有用铜或铁制作的，其玩法越来越多，各环可分可合，变化多端。进行这种游戏时需要经过周密的思考，上环和解环的程序不能有一步错误，套错一个环，后面的程序全被打乱，就不可能解开所有的环。

● 七巧板

七巧板是我国古代劳动人民的发明，其历史可以追溯到公元前1世纪，到明代基本定型。明、清两代在民间广泛流传，清代陆以湉在《冷庐杂识》中写道："近又有七巧图，其式五，其数七，其变化之式多至千余。体物肖形，随手变幻，盖游戏之具，足以排闷破寂，故世俗皆喜为之。"七巧板那简单的结构很容易使人误认为要解决它的问题很容易，其实用七巧板可以拼出1 600种以上的图案，其中有些是容易拼成的，有些却相当诡秘，还有一些则似是而非，充满了矛盾。七巧板后来传到国外，受到欢迎与重视，法国的拿破仑在流放生活中曾用七巧板作为消遣游戏，美国作家埃德加·爱伦坡还用象牙精制了一个七巧板。英国剑桥大学的图书馆珍藏着一部《七巧新谱》，英国著名科学家、中国科技史大师李约瑟把七巧板称为"东方最古老的消遣品"之一。

● 围　棋

围棋是中华民族传统文化中的瑰宝，古人常以"琴棋书画"论及一个人的才华和修养，其中的棋指的就是围棋。围棋，在我国古代称为弈，围棋对弈又被称为"手谈"。围棋在整个古代棋类中可以说是棋之鼻祖，相传已有四千多年的历史。据《世本》所言，围棋为尧所造。晋张华在《博物志》中亦说："舜以子商均愚，故作围棋以教之。"此说反映了围棋起源之早。围棋的盘面有纵横各19条等距离、垂直交叉的平行线，共构成361个交叉点，在盘面上标有几个小圆点，称为星位，中央的星位又称天元。棋子分黑白两色，均为扁圆形，棋子的数量以黑子181个、白子180个为宜。中国、日本、韩国是当今围棋的三大支柱，但近年来日本围棋逐步衰落，形成了中韩争霸的局面。在围棋比赛中，头衔是比赛冠军的特定称呼。中国的头衔现有天元、名人和新人王；韩国的头衔有天元、新人王、王中王等；日本有七大头衔：棋圣、本因坊、名人、十段、小棋圣（碁圣）、王座、天元。

● 中国象棋

中国象棋具有悠久的历史，战国时期已经有了关于象棋的正式记载，象棋于北宋末定型成近代模式：32枚棋子，有河界的棋盘，将在九宫之中等。南宋时期，象棋家喻户晓，成为流行极为广泛的棋艺活动。李清照、刘克庄等文学家，洪遵、文天祥等政治家，都嗜好下象棋。宫廷设的"棋待诏"中，象棋手占一半以上。民间有称为"棋师"的专业者和专制象棋子和象棋盘的手工业者。南宋还出现了洪迈的《棋经论》、叶茂卿的《象棋神机集》、陈元靓的《事林广记》等多种象棋著述。元、明、清时期，象棋继续在民间流行，技术水平不断得以提高，出现了多部总结性的理论专著，其中最为重要的有《梦入神机》《金鹏十八变》《桔中秘》《适情雅趣》《梅花谱》《竹香斋象棋谱》等。杨慎、唐寅、郎英、罗顾、袁枚等文人学者都爱好下棋，大批著名棋手的涌现，显示了象棋受到社会各阶层民众喜爱的状况。

● 格　五

古代棋类游戏，又名簺箸、博塞或箸。《汉书·吾丘寿王传》注："格五棋行箸法，曰塞、白、乘、五，至五格不得行，故云格五。"清翟灏《通俗编》认为格五的具体走法是：双方各执黑白棋五枚，共行中道，每次移一步，遇对方则跳越，以先抵敌境为胜。

● 杂　技

杂技是各种技艺表演（如车技、口技、顶碗、走钢丝、狮子舞、魔术等）的统称。大约在新石器时代，中国的杂技就已经萌芽。原始人在狩猎中形成的劳动技能和自卫攻防中创造的武技与超常体能，在休息和娱乐时，在表现其猎获和胜利的欢快时，被再现为一种自娱游戏的技艺表演，这就形成了最早的杂技艺术。杂技学术界认为中国最早的杂技节目是"飞去来器"。

● 中国魔术

魔术作为具体节目表演，至少在两千多年前就已经出现，西汉元封三年，汉武帝举行百戏盛会，盛会上即有中国的传统魔术《鱼龙蔓延》等节目。魏晋南北朝时，出现了《凤凰含书》《拔井》等多个魔术节目。隋炀帝时出现《黄龙变》，变来满地的水族。唐玄宗时流行的《入壶舞》，表演者从左面缸中钻进去又从右面缸中爬出来，都是冠绝一时的魔术佳作。到了宋代，魔术开始分科，出现"手法""撮弄"等若干专业，还出现了专业魔术师们组成的民间社团——云机社。宋代著名魔术家杜七圣，擅长杀人复活的把戏，名噪一时，称为"七圣法"。明、清时期，各种魔术戏法节目在民间街头巷尾流传，我国著名的《九连环》《仙人栽豆》《古彩戏法》等，均在世界魔坛上产生过巨大的影响。清代中叶以后，中国艺人一部分飘零海外，欧美和日本的魔术团体也不断来华演出，促进了中外魔术的交流，中国魔术师们在保持自己魔术的传统习惯的基础上，吸收了大量的外国魔术的表演形式、内容、技巧，逐渐形成了中国魔术舞台上今天这样五花八门的节目。

● 木偶戏

木偶戏是由演员在幕后操纵木制玩偶进行表演的戏剧形式，中国古代又称傀儡戏。木偶戏历史悠久，三国时已有偶人可进行杂技表演，隋代则开始用偶人表演故事。表演时，演员在幕后一边操纵木偶，一边演唱，并配以音乐。根据木偶形体和操纵技术的不同，有布袋木偶、提线木偶、杖头木偶、铁线木偶等。

● 放空钟

放空钟是北方传统的儿童游戏。空钟外形像圆筒，一根木棒从中间穿过作为转轴，筒侧有狭长的小口，空钟旋转时空气流入里面引起共鸣，并随着旋转的快慢而发出不同声响。放空钟时，一手执顶端系有细绳的竹尺，将细绳缠绕在空钟柄上，然后用力拉绳，直到绳从柄上脱离，空钟便落地旋转，因而叫"放空钟"。春天，天气渐暖，大街小巷中悠扬悦耳的空钟声此起彼伏，传达着春的生气和信息。

● 斗百草

也称"斗草"。以花草名相对，如狗耳草对鸡冠花，以答对精巧者为胜。原为端午习俗。端午踏青归来，带回名花异草，以花草种类多、品种奇为比赛对象。此习早在南北朝时已形成。后世由此衍生不用实物，而以花草名相对。

● 抽陀螺

抽陀螺俗称"抽贱骨头"，是一种民间传统游戏。它历史悠久，山西夏县西阴村仰韶文化遗址（距今约五六千年）中曾出土陶制小陀螺。陀螺有陶制、木制、竹制、石制多种，以木制居多。木制陀螺为圆锥形，上大下小，锥端常加铁钉或钢珠。玩儿时，以绳绕陀螺使其旋于地，再以绳抽打，使之旋转不停。抽打得越狠旋得越快，故称"抽贱骨头"。中国早在宋朝时就已经出现了类似陀螺的玩具，名字叫作"千千"。它是一个长约三厘米的针形物体，放在象牙制的圆盘中，用手撑着旋转，比赛谁转得最久就为赢家。这是当时嫔妃宫女用来打发深宫内无聊时光的贵族游戏。"陀螺"这个名词，最早出现在明朝，刘侗、于弈正合撰的《帝京景物略》有"杨柳儿青，放空钟；杨柳儿活，抽陀螺；杨柳儿死，踢毽子"的记载。明朝时陀螺已成为儿童的玩具，而不是宫女角胜之戏了。

● 风　筝

风筝，古时称为"鹞"，北方谓"鸢"。风筝起源于中国，距今已有两千余年的历史，而后广传于全世界，是一种传统的民间工艺品。实际上，中国最早出现的风筝是用木材做的，春秋时"墨子为木鸢，三年而成，飞一日而败"。到南北朝，风筝开始成为传递信息的工具。从隋唐开始，由于造纸业的发达，民间开始用纸来裱糊风筝。到了宋代，放风筝成为人们喜爱的户外活动。宋人周密的《武林旧事》写道："清明时节，人们到郊外放风鸢，日暮方归。""鸢"就是指风筝。北宋张择端的《清明上河图》、苏汉臣的《百子图》里都有放风筝的生动景象。

● 荡秋千

秋千，古字为"鞦韆迁"，意思是揪着皮绳而迁移。早在远古时代，人们为了获得高处的食物，在攀登中创造了荡秋千的活动，最早称之为"千秋"，传说为春秋时代北方的山戎民族所创。开始仅是一根绳子，双手抓绳而荡。后来，齐桓公北征山戎族，把"千秋"带入中原。至汉武帝时，宫中以"千秋"为祝寿之词，取"千秋万寿"之意，以后为避讳，将"千秋"两字倒转为"秋千"。以后逐渐演化成用两根绳加踏板的秋千。到了唐宋时代，秋千成为专供妇女玩耍的游戏。

● 踩高跷

踩高跷俗称缚柴脚，亦称"高跷""踏高跷""扎高脚""走高腿"，是民间节日在广场表演的一种舞蹈形式。舞蹈者脚上绑着长木跷进行表演，技艺性强，形式活泼多样，由于演员踩跷比一般人高，便于远近观赏，而且流动方便，无异于活动舞台，深受群众喜爱。春秋时代已有，汉魏六朝百工中称为"跷技"，宋代叫"踏桥"。清代以来称为"高跷"，用条木制成，上有木托。表演的人将双脚分别绑在木棍上，化装成各种人物，一人或多人来往逗舞，由唢呐伴奏，表演有趣的动作或故事。北京称为"高跷会"。黄河流域则称"扎高脚"，有文跷、武跷之分。文跷主要表演走唱，有简单的舞蹈动作，武跷则表演倒立、跳高桌、叠罗汉、劈叉等动作。高跷会一般由群众自发组织起来。正月十一、十二开始踩街，寓意是告知人们：在众多的民间花会中，今年挂个号。正月十五正式上街，一直到十八方告结束。在过会时，沿途的大商号在门前设八仙桌，摆上茶水、点心，放鞭炮道辛苦，表示慰劳。高跷队在此稍作逗留，或表演答谢。

● 跳　绳

在环摆的绳索中做各种跳跃动作的体育活动。中国清代北京元宵节民间娱乐活动时，称跳绳为跳白索。1939年在福建省沙县举行的国民体育表演会，就曾设有跳绳个人表演。跳绳分单人跳和双人以上跳两种，后者也称集体跳。集体跳时两人各抓长绳的一端，分前甩、后甩，跳者可做前后转180度的花样儿，但步调必须配合一致。跳绳的基本动作有单脚跳、单脚换跳、双脚并跳、双脚空中前后与左右分跳等。

● 相　声

相声起源于北京，流行于全国各地，一般认为于清咸丰、同治年间形成，是以说笑话或滑稽问答引起观众发笑的曲艺形式。它是由宋代的"像生"演变而来的。到了晚清，相声就形成了现代的特色和风格。主要用北京话讲，各地也有以当地方言说的"方言相声"。相声在形成过程中广泛吸取口技、说书等艺术之长，寓庄于谐，以讽刺笑料表现真、善、美，以引人发笑为艺术特点，以"说、学、逗、唱"为主要艺术手段。表演形式有单口、对口、群口三种。单口相声由一个演员表演，讲述笑话；对口相声由两个演员一捧一逗，通常又有"一头沉"和"子母哏"两类；群口相声又叫"群活儿"，由三个以上演员表演。

● 曲　艺

曲艺是中华民族各种说唱艺术的统称，它是由民间口头文学和歌唱艺术经过长期发展演变形成的一种独特的艺术形式。曲艺发展的历史源远流长。早在古代，我国民间的说故事、讲笑话，宫廷中俳优（专为供奉宫廷演出的民间艺术能手）的弹唱歌舞、滑稽表演，都含有曲艺的艺术因素。到唐代，讲说市人小说和向俗众宣讲佛经故事的俗讲的出现，大曲和民间曲调的流行，使说话技艺、歌唱技艺兴盛起来，自此，曲艺作为一种独立的艺术形式开始形成。到宋代，说唱表演有了专门的场所，也有了职业艺人，说话技艺、鼓子词、诸宫调、唱赚等演唱形式极其昌盛，孟元老的《东京梦华录》、耐得翁的《都城纪胜》都做了详细记载。明清两代及至民国初年，说唱艺术进一步发展。一方面，城市周边地带富有浓郁地方色彩的民间说唱纷纷流向城市，在演出实践中日臻成熟，如道情、莲花落、凤阳花鼓、霸王鞭等；另一方面，一些老曲种在流布过程中，结合地域和方言的特点发生着变化，如散韵相间的元、明词话逐渐演变为南方的弹词和北方的鼓词。我们今天所见到的曲艺品种，大多为清代至民初曲种的流传。在中华艺术发展史上，说唱艺术曾归于"宋代百戏"中，在瓦舍、勾栏（均为宋代民间演技场地）表演；到了近代，则归于"什样杂耍"中，大多在诸如北京的天桥、南京的夫子庙、上海的徐家汇、天津的"三不管"、开封的相国寺等民间娱乐场地进行表演。中华人民共和国建立后，才给众多说唱艺术一个统一而稳定的名称，统称为"曲艺"。目前仍活跃在民间的曲艺品种有四百个左右，流布于大江南北、长城内外。

● 京韵大鼓

由河北省沧州、河间一带流行的木板大鼓发展而来，形成于京津两地。河南木板大鼓传入天津、北京后，刘宝全改以北京的语音声调来吐字发音，吸收石韵书、马头调和京剧的一些唱法，创制新腔，专唱短篇曲目，称京韵大鼓。传统曲目有《单刀会》《战长沙》《博望坡》等数十段，以及由刘宝全、白云鹏等人整理的《长坂坡》《白帝城》《探晴雯》《樊金定骂城》等数十段。

● 梅花大鼓

梅花大鼓脱胎于清代中叶产生于北京的清口大鼓，流行于京津地区。梅花大鼓唱词为七字句和十字句，有慢板、二六板、上板三个基本板式，及以这三个板式的名称命名的三个基本唱腔。有时，唱腔中穿插一些曲牌，如"太平年""银纽丝"等。

● 西河大鼓

西河大鼓是北方较为典型的鼓书及鼓曲形式，普遍流行于河北境内并流传周边，至河南、山东、北京、天津和内蒙古及东北地区。在流传过程中曾有过"大鼓书""梅花调""西河调""河间大鼓"和"弦子鼓"等名称，20世纪20年代在天津被定名为"西河大鼓"，沿用至今。

● 河南坠子

源于河南，由流行在河南和皖北的曲艺道情、莺歌柳、三弦书等结合形成，有一百多年的历史。流行于河南、山东、安徽、天津、北京等地。因主要伴奏乐器为"坠子弦"（今称坠胡），且用河南语音演唱，故称之为河南坠子。演唱者一人，左手打檀木或枣木简板，边打边唱。也有两人对唱的，一人打简板，一人打单钹或书鼓。还有少数是自拉自唱的。唱词基本为七字句。伴奏者拉坠琴，有的并踩打脚梆子。初期大多演唱短篇，也有部分演员演唱长篇，现代题材曲目都是短篇。

● 山东琴书

流行于以鲁西南菏泽地区为中心的黄河下游地区的河南、江苏、安

154

徽北部、河北南部及东北的个别市县，在山东最先流传于鲁西南，约有二百年历史。山东琴书最初叫扬琴，也有叫打扬琴、唱小曲的，约形成于乾隆初年。早期为农民闲时自娱的庄家耍（又称玩局）。清末渐趋兴盛，名家辈出，分成了南、北、东三路。从形式上看，琴书属于坐唱形式的曲艺。演唱时坐成八字形，扬琴居中，其他乐器分列两旁。演员各持乐器，自拉自唱。山东琴书为民间小曲联唱体，共有小曲二百余支，山东琴书最盛行时，演唱曲牌和演奏曲牌达到三百多个，以"上合调""凤阳歌""梅花落"最为常用。以扬琴为主奏乐器。传统曲目分牌子曲、中篇、长篇三类。牌子曲产生较早，有全部《白蛇传》等；中篇在山东琴书中最具代表性，有《王定保借当》《三上寿》等七十多部；长篇多为移植改编，如《杨家将演义》《包公案》等。

● 评书

评书，也叫评词，流行于华北、东北、西北一带，在江南则称为评话，是我国劳动人民创造的一种口头文学。早在春秋时代就有人说书。战国时，诸子百家游说诸侯，经常旁征博引，用故事作比喻，后来形成许多脍炙人口的成语，像"怒发冲冠""刻舟求剑""滥竽充数"等，这些故事实际上就是早期的评书。在北京流行的评书，相传是明末清初江南说书艺人柳敬亭来北京时传下来的。也有人说是清代北京鼓曲艺人王鸿兴去江南献艺时，拜柳敬亭为师，回京后改说评书，并于雍正十三年（1735年）在掌仪司立案授徒，流传到现在的。中国北方地区的评书艺术，作为一种独立的说书品种，大约形成于清代初期。评书虽然是口头讲说的表演形式，但其艺人来源却多为"唱曲"的转行。形成于北京的评书艺术，其第一代艺人王鸿兴，原来就是表演一种叫作"弦子书"的"说唱"艺人。到20世纪初叶，又有许多北方乡村表演"西河大鼓"和"东北大鼓"的"说唱"艺人进入城市，纷纷改说评书。评书的节目以长篇大书为主，所说演的内容多为历史朝代更迭及英雄征战和侠义故事。

● 山东快书

发源于山东省菏泽、临清、济宁、兖州一带，至少有百年以上的历史。山东大鼓曾盛极一时，其中有个牌子，近似半说半唱的韵诵体，叫作"窜钢腔"，山东快书就是在它的基础上发展起来的。山东快书以

《武松传》起家，对其风格和流传影响极大。山东快书形成之后，就从发源地扩散开来，逐渐形成山东省内和省外两支。山东省内的一支由鲁西南地区扩及全省的许多城市、集镇；另一支沿长江向东南发展，至武汉、徐州、蚌埠、南京、上海等地。

● 陕北秧歌

陕北秧歌是流传于陕北高原的传统舞蹈，又称"闹红火""闹秧歌""闹社火""闹阳歌"等。它主要分布在陕西榆林、延安、绥德、米脂等地，其中绥德秧歌最具代表性。陕北秧歌历史悠久，相传北宋时已有。陕北秧歌主要有三种角色，即伞头、文武身子和丑角。陕北秧歌的领头人叫伞头，一手持伞，一手持"虎撑"，两种道具都有吉祥的含义。伞，寓意庇护众生，风调雨顺。虎撑与唐代名医孙思邈有关。据说孙思邈曾为老虎治病，为便于观察和治疗，曾用一铁圈撑开老虎的嘴，这铁圈就叫"虎撑"。后来，虎撑演化为串乡治病民间医生手中发出声响的"串铃"，成为民医的标志。它在伞头的手中，则成为消灾祛病的象征物，又是指挥秧歌队表演和变化队形图案的响器。

● 安塞腰鼓

安塞腰鼓是一种非常独特的民间大型舞蹈艺术形式，展示出西北黄土高原农民朴素而豪放的性格，张扬出独特的艺术个性，具有两千多年的历史。安塞腰鼓表演可由几人或上千人一同进行，气势磅礴，被称为"天下第一鼓"。1986年，安塞腰鼓荣膺首届中国民间舞蹈大赛最高荣誉大奖；1996年，安塞县被国家文化部命名为"中国腰鼓之乡"；2006年，安塞腰鼓经国务院批准列入第一批国家级非物质文化遗产名录。安塞腰鼓先后在第十一届亚运会开幕式、香港回归庆典等大型活动中表演，并赴日本进行表演。

● 兔儿爷

兔儿爷是旧时北京中秋应节应令的儿童玩具。关于兔儿爷，《燕京岁时记》有记载："每届中秋，市人之巧者，用黄土抟成蟾兔之像以出售，谓之兔儿爷。"人们按照月宫里有嫦娥、玉兔的说法，把玉兔进一步艺术化、人格化，乃至神化，之后，用泥巴塑造成各种不同形式的兔儿爷。兔儿爷大的有三尺多高，小的只有三寸，均是粉白面孔，头戴金盔，身披甲胄，背插令旗或伞盖。它的坐骑有狮、虎、鹿、象不等。后来有人仿照戏曲人物，把兔儿爷雕造成金盔金甲的武士，有的骑着狮、象等猛兽，有的骑着孔雀、仙鹤等飞禽。特别是兔儿爷骑虎，是民间艺人的大胆创造。还有一种肘关节和下颌能活动的兔儿爷，俗称"吧嗒嘴"，更讨人喜欢。

● 布老虎

布老虎是一种古代就已在中国民间广为流传的玩具，它品种繁多，流传广泛，是一种极具乡土气息的民间工艺品。在中国人心里，老虎是驱邪避灾、平安吉祥的象征，而且能保护财富。它寄托着人们对美好生活的向往与追求，因此至今仍受到人们的广泛喜爱。农历五月初五端午节期间，民间盛行给儿童做布老虎，或者用雄黄在儿童的额头画虎脸，寓意健康、强壮、勇敢。布老虎的形式多种多样，有单头虎、双头虎、四头虎、子母虎、枕头虎、套虎等。

● 古 琴

琴，又称瑶琴、玉琴，俗称古琴，一种七弦无品的古老拨弦乐器。琴作为一种特殊的文化，概括与代表着古老、神秘的东方思想。琴最早见之于典籍的是我国第一部诗歌总集——《诗经》。《诗经·周南·关雎》中的"窈窕淑女，琴瑟友之"，《诗经·小雅·鹿鸣》中的"我有嘉宾，鼓瑟吹笙"，都反映了琴和人民生活的密切联系。可见，三千多年前，琴已经流行。后来，由于孔子的提倡，文人中弹琴的风气很盛，并逐渐形成古代文人必备"琴、棋、书、画"修养的传统。儒释道三教文化，是中国传统文化的主体，琴文化是三教皆崇的文化。乐是儒学必修的重要内容，琴是儒者的最爱，道者更是喜爱琴那清静、洒脱的韵味。就连佛教僧人，也同样喜欢从琴中领悟空灵大智。琴文化与中国文人、中国思想文化之间联系十分紧密。

● 古典十大名曲

（1）《潇湘水云》：曲谱最早见于明代的《神奇秘谱》，由古琴浙派创始人——南宋郭望楚作。金兵入侵时，他移居湖南宁远九嶷山下（潇水自九嶷山流过），深感国事飘零，借水光云影，以抒抑郁、眷恋之情。（2）《广陵散》：又名《广陵止息》，乐曲原是东汉末广为流传的民间音乐，被推测为以战国时期聂政刺秦王为题材的大型器乐叙事曲，表现了一种慷慨激昂的英雄气概。（3）《高山流水》：据《神奇秘谱》记载，《高山》《流水》二曲，本只一曲，至唐分为两曲，不分段数，可见《高山流水》《高山》《流水》三曲实为同一曲目。（4）《渔樵问答》：此曲在历代传谱中有三十多种版本，有的还附歌词。乐曲表现了渔樵在青山绿水间自得其乐的情趣。（5）《平沙落雁》：明朝此曲称《雁落平沙》，曲调悠扬流畅，通过时隐时现的雁鸣，描写雁群降落前在空际盘旋顾盼的情景。（6）《阳春白雪》：相传是春秋时期晋国的师旷或齐国的刘涓子所作。现存琴谱中的《阳春》和《白雪》是两首器乐曲，《阳春》取万物知春、和风涤荡之意，《白雪》取凛然清洁、雪涤万物之意。（7）《胡笳十八拍》：据传为蔡文姬作，由18首歌曲组合的声乐套曲，由琴伴唱。"拍"在突厥语中即为"首"，起"胡笳"之名，是琴音融胡笳哀声之故。（8）《阳关三叠》：根据唐代诗人王维《送元二使安西》诗谱写的一首琴歌。（9）《梅花三弄》：此曲借物咏怀，通过梅花的洁白、芬芳和耐寒等特征，来赞颂具有高尚节操的人，主题以泛音奏法重复了三次，所以称为"三弄"。（10）《醉渔唱晚》：唐代诗人皮日休和陆龟蒙所作的琴曲，描绘了渔翁豪放不羁的醉态，是一首精致的琴曲小品。

● 饮酒"六雅"

我国古代文人饮酒讲究"六雅"，即雅人——相饮者应当是风度高雅、性情豪爽直率的知己故交，所谓"酒逢知己千杯少""狂来轻世界，醉里得真知"；雅地——饮酒场所以花下、竹林、高阁、画舫、幽馆、平畴、名山、荷亭等地为佳；雅候——选择与饮地相和谐的清秋、雨霁、积雪、新月、晚凉等最富诗情画意之时饮酒；雅趣——以联吟、清谈、焚香、传花、度曲、围炉等烘托氛围，提高兴致；雅禁——包括苦劝、恶谑、喷秽等，避免饮酒发生不愉快的事情；雅阑——酒之将尽，可以依韵赋诗，或相邀散步，或登高，或垂钓，郑板桥有对联曰："酌量饮酒，放胆吟诗。"

● 酒　令

酒令，是酒席上的一种助兴游戏，一般是指席间推举一人为令官，余者听令轮流说诗词、联语或其他类似游戏，违令者或负者罚饮，所以又称"行令饮酒"。古代专门监督饮酒仪式的酒官，最早出现于西周后期，《诗经·宴之初筵席》有云："凡此饮酒，或醉或否。既立之监，又立之史。"所谓酒监、酒史就是酒官。在远古时代，就有了为宴饮而设的"燕射"，即通过射箭，决定胜负，负者饮酒。古人还有一种被称为"投壶"的饮酒习俗，源于西周时期的"射礼"。酒宴上设一壶，宾客依次将箭向壶内投去，以投入壶内多者为胜，负者受罚饮酒。汉代有了"觞政"，就是在酒宴上执行觞令，对不饮尽杯中酒的人实行某种处罚。酒令盛于唐代的士大夫间，在唐代诗文中酒令频繁出现。白居易诗曰："花时同醉破春愁，醉折花枝当酒筹。"后汉贾逵撰写《酒令》一书。宋代不但沿袭了酒令习俗，而且丰富了酒令文化，单是记载介绍各种酒令的书就有《酒令丛钞》《酒杜刍言》《醉乡律令》《嘉宾心令》《小酒令》《安雅堂酒令》《西厢酒令》《饮中八仙令》等。酒令五花八门，大致分雅令和通令两大类。见于史籍的雅令有四书令、花枝令、诗令、谜语令、改字令、典故令、牙牌令、人名令、快乐令、对字令、筹令、彩云令等。雅令的行令方法是：先推一人为令官，或出诗句，或出对子，其他人按首令之意续令，所续必在内容与形式上相符，否则被罚饮酒。行雅令时，必须引经据典，分韵联吟，当席构思，即席应对，它是酒令中最能展示饮者才思的项目。通令的行令方法主要有掷骰、抽签、划拳、猜数等。

中国武术

　　武术又称国术或武艺，它是中国人民在长期的社会实践中
不断积累和丰富起来的一项宝贵的文化遗产。

● 武　术

　　武术又称国术或武艺，其内容是把踢、打、摔、拿、跌、击、劈、
刺等动作按照一定规律组成徒手的和器械的各种攻防格斗功夫、套路和
单势练习。中国武术分为传统武术和国标武术。传统武术是由古代战争
和街头打架所发展起来的徒手和器械格斗术，其内容有踢、打、绊、
拿、柔术等。武术大师郑雨东认为："传统的中国武术又称之为国术，
其本质是一种格斗，它与普通的体育运动不同，体育运动是一种健身游
戏，而格斗却是一种生存游戏。"按照其观点，传统武术不能算作一种
体育运动。目前流行的国标武术是一种体育运动，因为国标武术是竞技
和表演性质的，本质上接近于体育。国标武术分为散打和套路，散打又
叫散手，是武术的擂台形式，套路则为武术的表演形式。武术具有极其
广泛的群众基础，是中国人民在长期的社会实践中不断积累和丰富起来
的一项宝贵的文化遗产。

● 武术称谓

　　中国武术在各个时期都有不同的称谓，例如在夏、商、周时称为拳
勇、手搏、相高、角力；春秋战国时称技击、相搏、手战；秦汉、三国
时称武艺、角抵、摔胡、手搏、手格、长手等；魏晋南北朝时称武术、
讲武、相扑、拳法等；隋唐时期称拳捷、试扑、手搏、相搏等；宋朝时
称武艺、武技、相搏、手搏、打套子、角抵等；明朝时称白打、使拳、
使艺、拳法等；清朝称把式、对力、对拳、武艺；民国以后称国术、武
术、国技、把式、八式、操扁卦、功夫等。以上称谓虽因时代、地理环
境、文化背景的相异而有所不同，且有的名称除了在古籍中才能找到，

一般并不经常出现，但都是代表着中国武术在历史中的演变及定位。国际对中国武术最为流行的通称是中国功夫（Chinese Kung—Fu）、国术（Chinese Kuo—Shu；Martial Arts）、武术（Wu—Shu）。

● 少林派

少林派是中国武术中范围最广、历史最长、拳种最多的武术门派，以出于中岳嵩山少林寺而得名。少林武术因禅武合一而博大精深，以禅入武，习武修禅，绝非自卫强身小技，退则参禅养性修道行，进则护寺报国救众生，故少林武术又称"武术禅"。少林武术起源的年代可以追溯到北魏年间，距今已有一千五百多年的历史。少林拳风格独特，动作刚健有力，朴实无华，擅长技击，在武术界独树一帜，"拳以寺名，寺以拳显"。少林武技名显于世，始于隋末。武僧昙宗、志操、惠汤等十三人，技艺超群，应秦王李世民邀请，参加讨伐王世充的战役。出师大捷，解救李世民，打败王世充，活捉王仁则。唐太宗登基后，重赏少林寺僧。少林派武功，经受实际战斗的考验，拳艺更有发展，从此，开创了少林派武功的新时期。少林寺极盛时期，占地一万余亩，大殿十四座，房屋多达五千间，寺僧发展到二千余众，拥有武艺高强的僧兵五百多人。

● 武当派

武当派为内家之宗。据明末清初黄宗羲的《王征南墓志铭》，武当派为宋人张三丰所创。据说张三丰是北宋末年武当山的丹士（道士），徽宗召他入京，道遇贼人，梦中元帝授其拳法，次日张三丰孤身杀贼百余人，遂创立内家拳派。又有传说，说张三丰源出少林，精通少林精髓五拳十八式，将其统纳于十段锦长拳之中，变战斗搏击之法为御敌防卫之法，风格遂与少林大为不同，因此别树一帜，开创武当门派，又称内家。十年功成，声誉大振，又传出太极、形意、八卦等支派。金庸的武侠小说《倚天屠龙记》写到武当开派，便采用了这种说法，说张三丰本名张君宝，为少林火工头陀觉远和尚的徒弟，因违犯少林不准擅自学武的禁令，被赶了出来，后来他根据少林功法而变通，遂创武当派。

● 南　拳

南拳是明代以来流行于南方的一大类拳种的总称。它以福建、广东为中心，广泛流传于长江以南地区，故称"南拳"。南拳种类繁多，如广东的咏春拳、蔡李佛拳，福建的少林桥手、五祖拳、鹤拳、罗汉拳，广西的周家拳、屠龙拳、小策打，浙江的洪家拳、黑虎拳、金刚拳，湖北的洪门拳、鱼门拳、孔门拳，湖南的巫家拳、洪家拳、薛家拳等。南拳在广东、福建沿海一带形成独有的南方特色，尤其是清代以来，以"反清复明"始，以"行侠仗义"终，在武侠传奇小说和影视中占有重要的地位。方世玉成为《少林小英雄》《万年青》《方世玉三探武当山》《乾隆游江南》等众多武侠文化作品的主人公。晚清南拳又出现了"广东十虎"，其中的第三位铁桥三、第五位苏乞儿，也是许多武侠文化作品中的主人公。

● 北　腿

中国古代武术素有南拳和北腿之分，风格迥异。日出于泰山之巅，空旷间，大开大合，蹿纵跳跃，舒展大方，这是北派武术的特点；月悬于小桥之上，竹林间，短桥寸劲，阔幅沉马，迅疾紧凑，这是南派武术的特点。北派武术动作大展，腿法较多，较出名的拳种有长拳、查拳、螳螂拳等。《功夫》里的苦力强所使的十二路谭腿就是北腿之一。目前北派武术的典型代表，当数世界影视巨星李连杰，他在电影《少林寺》中展现的少林功夫，将北腿表现得非常到位。在后来的 PS2 游戏《义气——荣誉的起源》中，SCE 更是直接请到李连杰来当形象代言人。游戏中完美再现了李连杰塑造的几个电影角色，腿功在游戏中更使得有板有眼。

● 太极拳

关于太极拳的起源，众说纷纭，大致有唐朝许宣平、明朝张三丰、清朝陈王廷和王宗岳等几种不同的说法。没有充分史料可以证明太极拳是张三丰所创，当然也没有证据证明不是他所创。戚继光的 32 势长拳理论早于陈王廷，王宗岳的"太极拳论"原本也为陈式太极拳所缺欠。可见太极拳并非一人所创，而是前人不断开发、总结、整理、创新、发展而来的。中国武术史学家唐豪等曾经考证，太极拳为河南温县陈家沟陈王廷所创。也有人称太极拳发源于武当武术，赵堡太极拳为武当太极拳的一支。目前可以明确的是，太极拳由河南温县陈家沟陈氏第十四世陈长兴传给河北永年人杨露禅，而后社会依次出现杨式、武式、吴式、孙式等太极拳流派。太极拳是中华民族辩证的理论思维与武术、艺术、气功引导术的完美结合，是高层次的人体文化。其拳理来源于《易经》《黄帝内经》《黄庭经》《纪效新书》等中国传统哲学、医术、武术等经典著作，并在其长期的发展过程中又吸收了道、儒、释等文化的合理内容，故太极拳被称为"国粹"。

● 长　拳

"长拳"一词最早记载于明朝戚继光的《纪效书·拳经提要篇》中："古今拳家，宋太祖有三十二势长拳。"一般将查拳、花拳、炮捶、红拳等均列入长拳。另外，中国古代也有专称长拳的拳种。现在的长拳是近三十多年来发展起来的拳种，它是在查拳、华拳、炮捶、洪拳、少林拳等拳种的基础上，根据其风格特点，综合整理、创编而成。特点是姿势舒展大方，动作灵活快速，出手长，跳得高，蹦得远，刚柔相济，快慢相间，动迅静定，节奏分明，是全国武术表演和比赛项目之一。

● 八卦掌

八卦掌又名"游身八卦掌"或"龙形八卦掌"，为董海川（1796—1882）在北京所传。董海川曾在清朝肃王府做拳师，故八卦掌首先在北京一带流传开来，近百年来遍及全国，并传播到国外（如东南亚地区）。八卦原指八个方位，即北、南、东、西、西北、西南、东北、东南。八卦掌以掌法为主，其基本内容是八掌，合于八卦之数；在行拳时，要求以摆扣步走圆形，将八个方位全都走到，而不像一般拳术那样，或来去一条线，或走四角，所以称为"八卦掌"。八卦掌是中国流传很广的拳种，是武当内家拳三大名拳之一，也是道家养生、健身、防身的一个体现。

● 八极拳

全称"开门八极拳"或称"岳山八极拳"。称"开门"者，取其以六种开法（六大开）作为技法核心、破开对方门户（防守架子）之意。称"岳山"者，相传八极源自河南焦作岳山寺，故名冠"岳山"。北方称武术为把式、八式。在汉朝刘安写的《淮南子》里记载："九州之外有八寅，八寅之外有八纮，八纮之外有八极。"这里八极代表了极远之处。八极拳之名也是要本门弟子将八极拳的劲道练到极远之境。八极的意义在于勉励门内弟子要将八（把）式练到极高的境界。另外，八极的训练讲求头、肩、肘、手、尾、胯、膝、足八个部位的应用。

● 查　拳

回族人最喜爱的拳种，盛行于山东、河南、河北各省。查拳起源于山东冠县张尹庄（又名一里庄），由回族人查尚义（查密尔）、滑宗岐、武殿璋等人创编并在回民中传播。据查拳拳谱和历代继承人相传，明朝西域回民查尚义为抗击倭寇侵略中国沿海，应征到内地，行至山东冠县因病疗养，当地百姓对这位爱国义士爱戴、尊敬，精心护理，他病愈后为感激当地百姓的恩情，遂将周身武艺传给冠县人。当地人将查密尔（查尚义）所传身法武拳命名为"查拳"。滑宗岐与查尚义为师兄弟。滑宗岐所使架子拳命名为"滑拳"，总称为"查滑拳"。查拳拳谱上有武殿璋创腿拳和滑镋、滑钩的记载，至今二百余年。

● 迷踪拳

对于此拳的起源，有两种说法：一说此拳起源于唐末，传至宋代时由卢俊义在少林寺加以发展而成。卢俊义收燕青为徒，并同上梁山泊。卢俊义退隐后，燕青广泛传授此拳。还有一说是唐代少林寺僧外出至一高山，见到一种猿状动物相斗，遂得到启发，后创此拳，遂名为猊猔拳。燕青拳后来传到清代的孙通，孙通是山东省岱岳人，先从兖州张某学拳，后游历各地，晚年隐居河北省沧县教拳。由沧县移居到河北省静海县的霍姓一族，称此拳为迷踪艺，子孙代代相传，后出名手霍元甲。此外，此拳由河北省传到山东省青州，形成"燕青神捶"的一派；在河北省、天津一带与八番拳结合，形成"燕青寸八番"一派。

● 咏春拳

咏春拳是南拳之一，早年流行于广东、福建各地。此拳初传于福建咏春县，为该县严三娘所创，以地名为拳名，故称"咏春拳"。还有一种说法，认为此拳由严氏名咏春者发明，故称之为"咏春拳"。此拳主要手型为凤眼拳、柳叶掌，拳术套路主要有小念头、寻桥和标指三套拳及木人桩。基本手法以三傍手为主，还有挫手、撩手、破排手、沉桥、粘打。主要步型有四平马、三字马、追马、跪马、独立步等。它是一种集内家拳法和近打于一身的拳术。著名武打明星李小龙曾跟随叶问系统地学习过咏春拳，可以说李小龙创立的截拳道与咏春拳有着密不可分的关系。

● 醉　拳

醉拳是中国拳术中象形拳之一，因模仿醉汉动作而得名。这种拳打起来，很像酒后醉汉跌跌撞撞，摇摇摆摆。实则形醉意不醉，是由严格的武术手法、步法、身法等组成的套路。醉拳中有"太白醉酒""武松醉跌""鲁智深醉打山门""醉八仙""少林醉拳"等名称。根据其不同名称而组成不同形象、不同内容的套路，但都离不开醉形醉态的特点。醉拳在发展过程中，吸取了地躺拳的底功法，从而形成了自己的风格特点。醉拳技法讲究眼、手、身、腿、步的配合。眼法有视、瞧、觑、瞭，手法有点、刁、拿、扣等，身法有挨、撞、挤、靠，腿法有勾、盘、剪、缠等，步法有碎、击、碾、盖等，跌扑滚翻动作有鹞子翻身、鲤鱼打挺、盘腿跌、剪腿跌、栽碑、乌龙绞柱等。

● 形意拳

也叫"心意拳""心意六合拳""六合拳"。关于形意拳的得名，说法不一：有人认为由于这种拳术要求"心意诚于中，肢体形于外"，外形和内意高度统一，所以称为"形意拳"；有人认为这种拳术象形思意，取法为拳，表现了许多动物的特长，如虎的勇猛、猴的灵敏等，故名。关于形意拳术的起源，据多数人考证是山西蒲州人姬隆丰所创，至今已有三百多年的历史，但也有人说是宋代岳飞所创。

● 十八般兵器

十八般兵器，泛指多种武艺，其内容在各个时期有所不同。其名称，始见于元曲，如《古今杂剧》所收《敬德不服老》中就有"他十八般武艺都学就，六韬书看的来滑熟"的唱词。十八般兵器的说法很可能来自"十八般武艺"，"十八般武艺"最早见于南宋华岳编的兵书《翠微北征录》。明朝福建人谢肇浙编纂的《五杂俎》列出"十八般武艺"为"一弓、二弩、三枪、四刀、五剑、六矛、七盾、八斧、九钺、十戟、十一鞭、十二简、十三挝、十四殳、十五叉、十六把、十七绵绳套索、十八白打"。其中白打为徒手搏击。同样成书于明朝的《水浒传》写到的十八般兵器是"矛、锤、弓、弩、铳、鞭、锏、剑、链、挝、斧、钺、戈、戟、牌、棒、枪、扒"。十八般兵器最常见的说法是：刀枪剑戟，斧钺钩叉，镋棍槊棒，鞭锏锤抓，拐子流星。

● 武 举

武举主要选拔将才，与文举比较，其重要性不及文举，武举出身的地位也不及文举的进士。历史上的武举开始于武则天执政时期，公元702年，由兵部主持武举考试，考试科目有马射、步射、平射、马枪、负重摔跤等。宋代规定武举不能只有武力，还要考军事策略，比如孙吴兵法等。到了明朝时改为"先之以谋略，次之以武艺"，把军事谋略置于军事技术之上，如果在答策的笔试中不及格，便不能参加武试。初期的笔试考三题，试策两题，另一题论考四书。后来四书的题目改为默写武经。但明代的军事职位多半由世荫承袭，再加上由行伍逐步提拔起来的，武举选将只是个补充形式。清代的情况则大不相同。从制度上看，基本沿袭明末，考试程序、办法等也没有多少变化，但清代统治者对武举的重视程度大大超过明代。清代武官虽然仍以行伍出身为"正途"，由武举出身的次之，但武举出身者数量不断增大，在军中占有相当比例。加上国家大力提倡，制度日益严密，录取相对公正，因此，民间习武者对武举考试趋之若鹜，民间习武之风兴盛一时。

● 华 佗

东汉名医，他创编的五禽戏被称作中国最早的武术套路，因此也有人把华佗称为中国武术的创始人。《后汉书·华佗传》有"年且百岁，而犹有壮容，时人以为仙"的记载，也有说他寿至一百五六十岁仍保持着六十多岁的容貌，而且是鹤发童颜。华佗创编的五禽戏又称"五禽操""五禽气功""百步汗戏"等。是中国民间广为流传的也是流传时间最长的健身方法之一，其健身效果被历代养生家称赞，据传华佗的徒弟吴普因长年习练此法而达到百岁高龄。五禽戏，分别是虎戏、鹿戏、熊戏、猿戏和鸟戏，每种动作都是模仿了相应的动物动作，传统的五禽戏共有动作54个。

● 甘凤池

清朝康熙、雍正年间，大江南北以拳勇武艺名噪者有八人，甘凤池便是其一。甘凤池为南京人氏，生卒年不详。其貌短小精悍，鬓髯如戟。他自小父母双亡，不喜读书，却爱好武功，结交江湖侠客，十几岁时，就以武艺和武德名扬四海。据说他手握锡器，能使之溶为汁，从指缝中流出。《清史稿·甘凤池传》说他勇力绝人，能提牛击虎。甘凤池少年时听说拳家多出浙东，便离开金陵，只身来到四明山。其中余姚有位内家拳名家黄百家，是著名思想家和史学家黄宗羲之子。黄宗羲在清兵南下时，曾招募义军进行过武装抵抗。明亡后，他要求黄百家习武，继承自己的抗清主张。黄百家收甘凤池为徒，将内家拳等武术一一传授给他。后来甘凤池又拜一念和尚为师学习少林拳法，并开始他一生行侠仗义、行医济世的传奇，江湖称之"江南大侠"。甘凤池还善导引之术，著有《花拳总讲法》。

● 董海川

生于清嘉庆三年（1797），原名董明魁，河北省文安县朱家坞村人，八卦掌的创始人和主要传播者。年轻时求功名未成，立志博采众家之长。于清道光五年（1824）远游吴越巴蜀，以武访友，历险搜奇，一去十三载。年近四十回归故乡，朝夕习练、揣摩拳法，传授族人。咸丰年间，董海川流落京师，成为太监，后到肃王府当差。至于为何当太监，历来说法颇多。一说是为了躲避命案，阉割而成太监；一说是捻军或太平天国派之当卧底。董海川在王府当差时，因为一个偶然的机会才为人所知。一日，太极拳名师杨露禅奉命在肃王府与府中拳师比武，连战连胜，最后竟将一拳师掷于园网之上。是时董海川手托菜盘由此经过，立即飞身上网救起拳师。董海川遂与杨露禅相斗，双雄对峙，胜负难分。从此太极拳与八卦掌各立门户，桃李盈门，流传后世。后世编有多种崇尚董海川武功的传奇故事，其中以话事小说《雍正剑侠图》影响最广。该书中以童林（字海川）影射董海川，给董海川生平和八卦掌渊源染上了一层神奇色彩。

● 杨露禅

清末著名武术家，杨式太极拳创始人。名福魁，又名福同，字露禅，"禅"亦作"蝉"，别号禄缠。河北省永年县人。幼时家贫，约十岁到河南温县陈家沟陈德瑚家为僮，著名武师陈长兴每晚至陈德瑚家前厅教授族中弟子，杨露禅殷勤伺候，窥习拳艺，功力大进。一次，陈家师兄弟多人与之较量，皆败。陈长兴喜其聪慧，正式收其为徒，尽传己术。数年后，以能避而制强硬之力见长，"柔中寓刚，绵里藏针"，故有"沾绵拳""软拳""化拳"之誉。清道光三十年（1850年），杨露禅返回永年，以教拳为生。后经人举荐到北京教拳，清代王公、贝勒从学者颇多，后任旗营武术教师。因为武功高强，有"杨无敌"之称。所传拳术"凌得起筋，万全其骨，全得其皮"，"风格匀缓、柔和、舒展大方"，精髓为"松"与"沉"。所谓"松"，指全身放松，让"气"流通无阻；"沉"，是下沉，意念集中在腹部。经过祖孙三代人努力，在陈长兴所传太极拳基础上，经过删减、增补，演化为现在流传的杨式太极拳。

● 大刀王五

京师武林名侠，1844年出生。本名王正谊，字子斌，祖籍河北沧州，回族。因他拜沧州当时最有名的武师"双刀"李凤岗为师，排行第五，人称"小五子"；又因他刀法纯熟，义薄云天，被尊称为"大刀王五"。王五武功极高，尤其是刀法精湛，位列民间广泛流传的晚清十大高手谱中，与燕子李三、霍元甲、黄飞鸿等著名武师齐名。王五侠义心肠，与谭嗣同兄弟相称，传授谭刀剑之法，二人由此建立了深厚的友谊。1898年，戊戌变法进入高潮，谭嗣同应诏入京，任四品军机章京，参与变法。在此期间，王五担负起谭嗣同的衣食住行和保安工作。变法失败后，谭嗣同为表明自己的变法决心，唤醒国人，甘愿受捕。王五得知后心急如焚，多方打探消息，买通狱吏，还广泛联络武林志士，密谋救谭，却被谭一口回绝。谭嗣同的《狱中题壁》诗云："望门投止思张俭，忍死须臾待杜根。我自横刀向天笑，去留肝胆两昆仑！"梁启超认为，"两昆仑"是指康有为和大刀王五。9月27日，谭嗣同等"戊戌六君子"被斩于宣武门外菜市口，王五得知后悲痛欲绝。1900年，义和团运动在北方兴起，王五率众积极参加，与义和团众并肩作战，杀洋人，攻打教堂。10月25日，王五终因寡不敌众，被八国联军枪杀于前门，死时56岁。

● 黄飞鸿

原名黄锡祥，字达云，原籍南海西樵禄舟村，1847年出生于佛山。他是岭南武术界的一代宗师，也是一位济世为怀、救死扶伤的名医。其父黄麒英乃晚清"广东十虎"之一。黄飞鸿6岁从父习武，13岁随父鬻技街衢，尽得家传功夫。后遇铁桥三（广东十虎之一）之爱徒林福成授其铁线拳、飞砣绝技，并在宋辉镗处学得无影脚，武艺日益精进，稍后，黄飞鸿随父在广州乐善山房设馆授徒。黄麒英谢世，黄飞鸿子承父业，成为一代宗师，是当时南派武林中最年轻的武术教练。一生中，曾先后被提督吴全美、黑旗军首领刘永福等聘为军中技击教练，并追随刘永福在抗日保台战争中立下功勋。相传其平生绝技有双飞砣、子母刀、罗汉袍、无影脚、铁线拳、单双虎爪、工字伏虎拳、罗汉金钱镖、四象标龙棍和瑶家大耙等。因其尤精虎形诸势，故在武林中享有"虎痴"之雅号。此外，黄飞鸿亦善于舞狮，有"广州狮王"之称。黄飞鸿武艺高强且崇尚武德，推尚"习武德为先"，从不恃强凌弱，坚持以德服人。他摒除门派之阂，能者为师，还力排重男轻女之见，是最先收授女弟子和组织女子狮队的武师之一。在其众多弟子中，男弟子梁宽和林世荣，女徒弟莫桂兰、邓秀琼等最有名气。其余的门人，亦颇有声誉，遍布粤港澳台以及东南亚各地。

● 霍元甲

霍元甲，清末著名爱国武术家，精武体育会创始人，1868年出生于天津静海小南河村（今属天津市）。他武艺出众，融合各家之长，将祖传"秘宗拳"发展为"迷踪拳"，使祖传拳艺达到了新的高峰。他的一生虽然短暂，但是轰轰烈烈，充满传奇色彩。1898年，谭嗣同变法遇难，大刀王五（王子斌）避难津门，与霍元甲一见如故，遂成至交。后王子斌在京遇难，被八国联军枭首示众。霍元甲与徒弟刘振声潜入京城，盗回首级，并取得《老残游记》作者刘鹗协助，将义士身首合葬，尽了朋友之义。霍元甲先后在天津和上海威震西洋大力士，是一位家喻户晓的英雄。1910年6月1日，霍元甲在上海创办了"中国精武体操会"（后改名精武体育会）。孙中山先生赞扬霍元甲"欲使国强，非人人习武不可"之信念和将霍家拳公之于世的高风亮节，亲笔写下"尚武精神"四个大字，赠给精武体育会。1910年9月，日本柔道会会长率十余名技击高手与霍元甲较艺，败在他的手下。日本人奉以酒筵，席间见霍呛咳，荐日医为治，9月14日，霍元甲暴亡，终年42岁。

● 王子平

1881年出生，1973年去世。字永安，回族，河北省沧县人。生于穷艺人之家，祖父以皮条、杠子闻名，其父有"粗胳膊王"之称。王子平自幼苦练武功，除武术、摔跤、举重外，凡有益于拳术练功者，如杠子、皮条、扯旗、跳绳、踢毽子、游泳、骑射等，莫不研习，被誉为全面的武术家。王子平常表演石担（举重），人称"千斤王"。1918年至1921年，王子平曾几次与外国大力士比武，击败包括周游46国无对手的俄国大力士康泰尔等8位世界著名大力士，影片《武林志》就是以他为原型。1922年，著名画家齐白石挥毫写下了"南山搏猛虎，深潭驱长蛟"的条幅，赠给王子平，称赞他那高尚的民族气节、纯熟的技艺和深厚的武功。1928年，中央国术馆聘请他为少林门门长。中华人民共和国成立后，王子平先后任中国武术协会副主席、中华全国体育总会委员，有《拳术二十法》《祛病延年二十势》等书问世。

● 叶　问

本名叶继问，1893年出生于广东佛山的大族富家。叶问从小受到家庭严谨的儒家教育，有深厚的传统文化素养。在上学读书之余，他爱上了传统武术，从7岁起便拜"咏春拳王"梁赞的高足陈华顺（人称华公）为师学习咏春拳。自收叶问为徒后，陈华顺不再接受任何人拜门学技，叶问成为陈华顺的关门弟子。华公逝世后，叶问再随师兄吴仲素钻研拳技，后随梁壁（梁赞之子）继续学武。1950年，叶问赴香港，在港九饭店职工总会内传授咏春拳术，一举成名。其徒弟除总会及分会的会员、港九各地的中国工人外，还有在港的外国留学生。其弟子中最出名的是让中国武术闻名世界的武术巨星李小龙。一直以来，咏春拳都只有少数传人，但是叶问在港传技22年，这种状况有了极大的改变。叶问1972年去世后，其子叶准、叶正继承父业，致力于向海外推广咏春拳术。叶准在香港咏春体育会、沙田大会堂、香港城市大学、科技大学、佛山科技学院设点授徒。目前，叶准及其门徒在世界六十多个国家设有咏春拳会近三千家，因在世界武术推广的卓越贡献，叶准还获得美国奥委会的嘉奖。叶问在香港收的弟子梁挺于1973年创办国际咏春总会，至今已在六十多个国家设立机构，分部有四百多家。

文化地理

　　用文化点缀地理风采，在地理中显现文化内涵，饱含东方古典神韵的中国山水风物成为吸引世人眼光的天然法宝。

● 中　国

　　现为中华人民共和国简称，但在古代文献中它是一个多义性的词组。从春秋战国至宋、元、明、清，多用来泛指中原地区。如孟子《齐桓晋文之事》："莅中国而抚四夷也。"司马光《赤壁之战》："若能以吴、越之众与中国抗衡，不如早与之绝。""驱中国士众远涉江湖之间。"

● 中　华

　　上古时期，华夏族居四方之中的黄河流域一带，故称"中华"，后常用来泛指中原地区。如《三国志》："其地东接中华，西通西域。"今已成为中国的别称。

● 九　州

　　传说中，中国上古时期划分的9个行政区域，州名分别为冀州、兖州、青州、徐州、扬州、荆州、豫州、梁州、雍州，后成为中国的别称。陆游诗云："死去元知万事空，但悲不见九州同。"《过秦论》中说"序八州而朝同列"，秦国居雍州，加上八州即九州。

● 赤　县

　　古人把中国称为赤县、神州。如毛泽东词《浣溪沙·和柳亚子先生》："长夜难明赤县天。"又如辛弃疾词《南乡子》："何处望神州，满眼风光北固楼。"

● 中　原

又称中土、中州。狭义的中原指今河南省一带，广义的中原指黄河中下游地区或整个黄河流域。如《出师表》："当奖率三军，北定中原。"陆游《示儿》诗："王师北定中原日，家祭无忘告乃翁。"指整个黄河流域。

● 海　内

古代传说我国疆土四面环海，故称国境之内为海内。如王勃诗《杜少府之任蜀州》："海内存知己，天涯若比邻。"司马光《赤壁之战》："海内大乱，将军起兵江东。"

● 四　海

指天下、全国。如贾谊《过秦论》："有席卷天下，包举宇内，囊括四海之意。"《赤壁之战》："遂破荆州，威震四海。"《阿房宫赋》："六王毕，四海一。"《五人墓碑记》："四海之大，有几人欤？"

● 六　合

上下和四方，泛指天下。如《过秦论》："旷履至尊而制六合。""然后以六合为家，殽函为宫。"李白《古风》诗："秦王扫六合，虎视何雄哉！"

● 八　荒

四面八方，遥远的地方，特指"天下"。如《过秦论》："囊括四海之意，并吞八荒之心。"梁启超《少年中国说》："纵有千古，横有八荒。"

● 江　河

古代许多文章中专指长江、黄河。如《鸿门宴》："将军战河南，臣战河北。"《过秦论》："然后践华为城，因河为池。"又如《殽之战》："公使阳处父追之，及诸河。"再如《祭妹文》："先茔在杭，江广河深。"（此处"江"指长江，"河"则指运河）

● 西　河

又称河西，黄河以西的地区。如《廉颇蔺相如列传》："会于西河外

172

渑池。"《过秦论》："于是秦人拱手而取西河之外。"

● 江 东

因长江在安徽境内向东北方向斜流，而以此段江为标准确定东西和左右。所指区域有大小之分，可指南京一带，也可指安徽芜湖以下的长江下游南岸地区，即今之苏南、浙江及皖南部分地区称做江东。如《史记·项羽本纪》："且籍与江东子弟八千人渡江而西，今无一人还，纵江东父兄怜而王我，我何面目见之！"《赤壁之战》："兼仗父兄之烈，割据江东。"李清照诗："至今思项羽，不肯过江东。"

● 江 左

即江东。古人以东为左，以西为右。如《群英会蒋干中计》："即传令悉召江左英杰与子翼相见。"

● 江 表

长江以南地区。如《赤壁之战》："江表英豪，咸归附之。"

江 南

长江以南的总称，所指区域因时而异。如白居易词："江南好，风景旧曾谙。"王安石诗："春风又绿江南岸，明月何时照我还。"

● 淮 左

淮水东面。如《扬州慢》："淮左名都，竹西佳处。"扬州在淮水东面。

● 山 东

顾名思义，在山的东面，但需要注意的是，因"山东"之"山"可指崤山、华山、太行山、泰山等数种不同的山，而所指地域不尽相同。下面是以崤山为标准的"山东"，如《汉书》："山东出相，山西出将。"《鸿门宴》："沛公居山东时，贪于财货。"《过秦论》："山东豪俊遂并起而亡秦族矣。"

● 关 东

古代指函谷关或潼关以东地区，近代指山海关以东的东北地区。如曹操《蒿里行》："关东有义士，兴兵讨群凶。"指潼关以东地区。

● 关　西

指函谷关或潼关以西地区。如《赤壁之战》："马超、韩遂尚在关西，为操后患。"

● 关　中

关中所指范围不一，古人习惯上将函谷关以西地区称为关中。如《鸿门宴》："沛公欲王关中，使子婴为相。"《过秦论》："始皇之心，自以为关中之固。"

● 西　域

在中国古代文献中，多指中国玉门关、阳关以西的诸多国家和地区。在丝绸之路影响下，西域被特指汉、唐两代中国政府安排的行政机构所管辖的今中国新疆大部及中亚部分地区，位于欧亚大陆中心，是丝绸之路的重要组成部分，其文化特征依然可见于现在新疆地区的遗址及中国敦煌的壁画。该地对东、西方国家的贸易、文化交流起到中转站的重要作用。

● 岭　峤

五岭的别称，指越城、都庞、萌渚、骑田、大庾等五岭。如《采草药》："岭峤微草，凌冬不雕。"（这里特指两广一带）

● 朔　漠

指北方的沙漠，也可单称"朔"，泛指北方。如《采草药》："朔漠则桃李夏荣。"《木兰诗》："朔气传金柝，寒光照铁衣。"朔气指北方的风。如《林教头风雪山神庙》："仍旧迎着朔风回来。"指北风。

● 百　越

又作百粤、诸越。古代越族居住在江、浙、闽、粤各地，统称为百越。古文中常泛指南方地区。如《过秦论》："南取百越之地。"《采草药》："诸越则桃李冬实。"

● 京　畿

国都及其附近的地区。如《左忠毅公逸事》："乡先辈左忠毅公视学京畿。"

● 三　辅

西汉时本指治理京畿地区的三位官员，后指这三位官员管辖的地区。如《张衡传》："衡少善属文，游于三辅。"《记王忠肃公翱事》："公一女，嫁为畿辅某官某妻。"隋、唐以后简称"辅"。

● 三　秦

指潼关以西的关中地区。项羽灭秦后曾将此地封给秦军三位降将，故得名。如《送杜少府之任蜀州》："城阙辅三秦，风烟望五津。"

● 郡

古代的行政区域。秦统一天下设三十六郡，隋、唐后州、郡互称，明、清称府。如《过秦论》："北收要害之郡。"《琵琶行》："元和十年予左迁九江郡司马。"《赤壁之战》："已据有六郡，兵精粮多。"

● 州

古代的行政区域。如《隆中对》："自董卓已来，豪杰并起，跨州连郡者不可胜数。"《赤壁之战》："荆州之民附操者，逼兵势耳。"

● 道

汉代在少数民族聚居区设道，这是一种行政特区，与县相当。唐代的道，先为监察区，后演变为行政区，是州以上一级行政单位。明清在省内设道，其中守道是小行政区，而巡道只有监察区性质。如《谭嗣同》："旋升宁夏道。"这里的"道"，指道的长官。

● 路

宋、元时期行政区域，相当于现在的省。如《〈指南录〉后序》："予除右丞相兼枢密使，都督诸路军马。"《永遇乐·京口北固亭怀古》："望中犹记，烽火扬州路。"

● 山水阴阳

古代以山南、水北为阳，以山北、水南为阴。如《愚公移山》："指通豫南，达于汉阴。""汉阴"指汉水南面。《登泰山记》："泰山之阳，汶水西流；其阴，济水东流。"《游褒禅山记》："所谓华阳洞者，以其乃华山之阳名之也。"

● 三 山

传说中的"三山"是"神仙"居住的地方，格外受到古人的神往。"三山"又称"三神山"，《史记·秦始皇本纪》载："齐人徐市等上书，言海中有三神山，名曰蓬莱、方丈、瀛洲。"以后三神山的名字，便在古代小说、戏曲、笔记中经常出现。后人为了延续三山五岳的美丽神话，就在五岳之外的名山中间选择新的三山，目前广为流传的三山的说法是：浙江雁荡山、江西庐山、安徽黄山。

● 黄 山

古称黟山，唐天宝六年（公元747年）改名为"黄山"。位于安徽南部，绵亘太平县、歙县、黟县、休宁县等地，呈北东走向。为花岗岩断块山，岩石节理发育，侵蚀成柱关，峭壁千仞。主峰光明顶海拔1841米，是长江水系与钱塘江水系的分水岭。风景秀丽，著名胜景有2湖、3瀑、24溪、72峰。

● 泰 山

"五岳"之"东岳"，为"五岳"之首，古称岱山，又名岱宗。位于山东省中部，耸立在广袤无垠的华北平原上。孔子曾说"登泰山而小天下"。泰山面积426平方公里。主峰玉皇顶，海拔1524米，是山东省境内最高峰。泰山名胜古迹甚多，有南天门、碧霞祠、日观峰、经日峪等。

● 嵩 山

"五岳"之"中岳"，曾称嵩高、崇山、岳山。位于河南省登封县北，是伏牛山余脉，耸立在低山、丘陵间的褶皱断块山。东段称太室山，主峰海拔1440米，是嵩山主体；西段称少室山，最高点玉寨山海拔

1 512米，为嵩山最高峰。

● 华　山

"五岳"之"西岳"，又称太华山。位于陕西省华阳县城南，北俯渭河平原，系秦岭支脉。花岗岩断块山，垂直节理发育，被侵蚀形成，壁立千仞，峥嵘雄奇，素有"华山天下雄"之誉。华山有五峰，即朝阳峰（东峰）、落雁峰（南峰）、莲花峰（西峰）、五云峰（北峰）、玉女峰（中峰），海拔2610米。

● 衡　山

"五岳"之"南岳"，又称岣嵝山或虎山。横亘于湖南省中部，花岗岩断块山地。有72峰，以祝融峰（主峰，海拔1290米）、紫盖峰、天柱峰、芙蓉峰、石廪峰五峰为高。峰峦挺拔，流泉飞瀑，四季苍翠，景色秀丽，有"五岳独秀"之称。文物古迹、历代碑石甚多，有南岳太庙、祝圣寺、南台寺、福严寺、藏经殿等名胜风景。

● 恒　山

"五岳"之"北岳"，亦名太恒山，又名元岳、紫岳、大茂山，汉朝时因避汉文帝刘恒讳，一度改称为常山。海拔2017米，位于浑源县城南10公里处，距大同市62公里。据《尚书》载：舜帝北巡时，曾遥祭北岳，遂封北岳为万山之宗主；之后，大禹治水时有"河之北属恒山"的记载；先后有秦始皇、汉武帝、唐太宗、唐玄宗、宋真宗封"北岳"为王、为帝，明太祖又尊北岳为神。

● 九华山

曾名九子山，唐代诗人李白有"昔在九江上，遥望九华峰。天河挂绿水，秀出九鞭蓉"诗，易名九华山，与五台山、峨嵋山、普陀山合称中国佛教四大名山。位于安徽省青阳县西南，山体由花岗岩组成，主峰十王峰，海拔1342米，素有"江南第一山"之称。

● 峨嵋山

位于四川盆地西缘，峨嵋县西南，山峰相对如娥眉，故名。包括大、二、三、四峨嵋，海拔3000米左右，主峰万佛顶海拔3099米。此山巍峨奇秀，素有"峨嵋天下秀"之称。山上寺宇始建于东汉，最初流行道教，唐朝时佛教日兴，至明、清，寺庙有近百座。

● 王屋山

位于河南省济源县城西北，山势险峻，万木葱茏，道观宫庙遍布，有"天下第一洞天"之称。《列子·汤问》中"愚公移山"的故事传指此，山南麓有愚公村、愚公洞、愚公井等。

● 九嶷山

一作九疑山，又名苍梧山，位于湖南省宁远县南60里。山有九峰，形状相似，"行者望之有疑"，因名"九疑山"。相传虞舜南巡，病死苍梧，葬于此山。

● 岳麓山

又名麓山，"旧志"把岳麓山称南岳衡山之足，故以岳麓命名。位于湖南省长沙市西，湘江畔。最高海拔297米，林木葱茏，山泉幽深，有"岳麓之胜，甲于楚汀"之誉。山上名胜古迹甚多，以岳麓书院、爱晚亭、麓山寺、望湘阁、云麓宫、白鹤泉等著称。

● 隆中山

位于湖北省襄阳县西，北濒汉水。东汉末年诸葛亮曾隐居于此，刘备"三顾茅庐"，诸葛亮分析时局，提出统一全国的建议和谋略，即著名的《隆中对》。

● 石钟山

位于江西省湖口县鄱阳湖注入长江出口处南岸，有两山：城南上钟山，城北下钟山，合称双钟山。山多怪石、洞穴，水石相击，声响如钟，石钟山得名。自古有以声定名，有以形定称。自宋代苏轼泛舟绝壁而下，作《石钟山记》，声名远扬。

● 八公山

位于安徽省淮南市西，淮水之南、淝水之北，相传西汉淮南王刘安等八位友人炼丹于此，因名"八公山"，中国历史上著名的以弱胜强的淝水之战，就发生在这一带。

● 碣　石

山名，位于河北省昌黎县城北戴河附近，史传秦始皇、汉武帝都曾在这里观海刻石。东汉末曹操东征归来，曾"东临碣石，以观沧海"，作《碣石篇》（即《步出夏门行》），其中"老骥伏枥，志在千里；烈士暮年，壮心不已"，表现老当益壮的志士胸怀，千古传诵。

● 祁　山

位于今甘肃省礼县东，西汉水上游。山上有城，为汉时所筑，极为严固，即今祁山堡，为兵家必争之地。相传蜀相诸葛亮曾六出祁山攻曹魏，但据《三国志·诸葛亮传》称他攻魏只有五次，而出祁山仅一两次，山上有诸葛亮庙。

● 黄鹤楼

遗址位于湖北省武汉市蛇山黄鹄矶头，相传始建于三国时东吴英武二帝（公元223年），历代屡毁屡建。不少名流来此借景抒怀，以唐初诗人崔颢的《黄鹤楼》闻名古今。

● 大观楼

位于云南省昆明市西郊，滇池北岸。建于清康熙二十九年（1690年），后毁于兵火，现存楼系同治年间重建，1913年辟为公园。主楼大观楼，呈正方形三层亭阁式，正门两旁悬挂清代孙髯翁所撰长对联，共180个字，被誉为"自古第一长联"。

● 岳阳楼

位于湖南省岳阳市西门城楼上，洞庭湖畔，与湖北黄鹤楼、江西滕王阁并称为中国江南三大名楼，也是目前仅存的一座，素有"洞庭天下水，岳阳天下楼"之称。相传始为三国东吴鲁肃训练水兵之阅兵台。唐开元四年（公元716年）中书令张锐在此修楼，定名"岳阳楼"。

● 滕王阁

古址位于江西省南昌市西，赣江之滨，依城面江。唐朝永徽四年

（公元653年），高祖之子滕王李元婴为洪州都督时建，阁以封号名。后阎伯玙任洪州牧，于阁上宴请群僚，王勃即席作《滕王阁序》而闻名于世，其中"落霞与孤鹜齐飞，秋水共长天一色"为千古名句。

● 晴川阁

遗址位于湖北省武汉市龟山东端禹功矶上，隔江与蛇山黄鹤楼相望。取唐初诗人崔颢《黄鹤楼》诗中"晴川历历汉阳树"句命名。始建于明朝，清朝时多次重修，后毁，现已重建。

● 蓬莱阁

位于山东省蓬莱县城北丹崖山巅，始建于北宋，明清时扩建、修葺，是规模宏大、布局独特的古建筑群。包括吕祖殿、三清殿、蓬莱阁、天后宫、龙王宫、弥陀寺等殿宇，素有"仙境"之称，内存题刻二百余石。

● 霍去病墓

西汉名将霍去病的墓，位于陕西省兴平县茂陵附近，墓为一座仿山形土冢，前有为表彰其武功而立的大型圆雕石刻，已发现有卧马、跃马、马踏匈奴、伏虎、卧牛、人抱熊等十余件。

● 孔　林

孔子及其后裔的墓地，位于山东省曲阜县城北2公里处，是我国规模最大、持续年代最长、保存最完整的一处氏族墓葬群和人工园林。林墙全部用灰砖砌成，长达7.3公里，占地3 000亩。除孔子、孔鲤、孔伋这祖孙三代墓葬和建筑外，还有孔令贻、孔毓圻、孔闻韶、孔尚任墓等。这里的墓碑除去一批著名的汉代石碑被移入孔庙之外，尚存有李东阳、严嵩、翁方纲、何绍基、康有为等历代大书法家的亲笔题碑，故孔林又有碑林的美名，堪称书法艺术的宝库。

● 曲阜孔庙

位于山东省曲阜市南门内，是第一座祭祀孔子的庙宇。曲阜孔庙是祭祀孔子的本庙，是分布在中国、朝鲜、日本、越南、印度尼西亚、新加坡、美国等国家两千多座孔子庙的先河和范本。曲阜孔庙始建于公元前478年，此后历代帝王不断加封孔子，扩建庙宇，到清朝，雍正帝下令大修，扩建成现代规模。庙内共有九进院落，以南北为中轴，分左、中、右三路，纵长630米，横宽140米，有殿、堂、坛、阁460多间，门坊54座，"御碑亭"13座，拥有各种建筑100余座，占地面积95 000平方米。孔庙内的圣迹殿、十三碑亭及大成殿东西两庑，陈列着大量碑碣石刻，特别是这里保存的汉碑，在全国是数量最多的，历代碑刻亦不乏珍品，其碑刻之多仅次于西安碑林，所以它有我国第二碑林之称。孔庙是中国现存规模仅次于故宫的古建筑群，堪称中国古代大型祠庙建筑的典范。

● 岳飞墓

南宋抗金名将岳飞墓，位于浙江省杭州市西湖边的岳王庙中。岳飞被害，初葬北山，宋孝宗即位后以礼改葬于此，其左侧有其子岳云墓。在碑廊中有历代石碑及岳飞手迹等文物。

● 玄武湖

曾称后湖、练湖、蒋陵湖、北湖，位于江苏省南京市东北玄武门外。1911年辟为公园，因长期失修，淤泥堙塞。建国后，经疏浚、扩建、修葺，成为南京著名风景游览区。湖周长约15公里，面积444公顷。

● 西　湖

曾称金牛湖、明圣湖、钱塘湖、石涵湖、西子湖，位于杭州城西，通称西湖。原为古海湾，因泥沙沉积，沙洲增长、淤高，使海湾和海分离，形成泻湖。湖岸周长15公里，总面积6.03平方公里，其中水面面积5.66平方公里。湖上白、苏二堤把湖分为外西湖、北里湖、岳湖、里西湖和小南湖。

● 大明湖

位于山东省济南市区北部，与千佛山、趵突泉为济南三大名胜，由珍珠泉、芙蓉泉、王府池等泉水汇成，出小清河，入渤海。周长4.25公里。湖水荷柳相映，亭榭楼阁点缀其间，素有"四百荷花三面柳，一城山色半城湖"之誉。

● 鉴　湖

又名"镜湖"，故址位于今浙江省绍兴市会稽山北麓，是我国东南地区古代大型农田水利工程之一。东汉顺帝永和五年（公元140年）会稽太守马臻筑塘蓄水，东起曹娥江，西至钱清江，长120余里，周长358里，尽纳会稽南山36源之水。

● 颐和园

位于北京市海淀区距城15公里处，原为帝王的行宫和花园。金贞元元年（1153年）完颜亮设为行宫，明皇室改为好山园，清乾隆十五年（1750年）改建，名清漪园，咸丰十年（1860年）被英法联军所毁，清光绪十四年（1888年）慈禧挪用海军军费重建，改为今名，作为避暑游乐之地。

● 拙政园

位于江苏省苏州市娄门内，苏州四大名园之一。原为唐朝诗人陆龟蒙住宅，元朝时为大宏寺，明嘉靖初御史王献臣买下寺院建园，1860年至1864年是太平天国忠王府的建筑范围。存有太平天国彩画、石刻等，园以水为主，建筑物多临水而立，建筑布局吸收绘画艺术。

● 留　园

位于江苏省苏州市阊门外，苏州四大名园之一。明朝天顺四年（1460年）建，称东园，清嘉庆五年（1800年）在东园旧址筑寒碧山庄，因园主姓刘，故名刘园，刘、留同音，又叫留园。

● 豫　园

曾称西园，江南名园之一，位于上海市区城隍庙内，本是明代潘允端私人花园。始建于明嘉靖三十八年（1559年），几经变迁，屡遭摧残，建国后重修。布局巧妙，幽静雅致，有三穗堂、仰山堂、点春堂、卷雨楼、万花楼、大假山、赤舫等。

● 沧州铁狮子

位于河北省沧县旧州城内，后周广顺三年（公元953年）由李云所铸，高5.3米，长6.5米，宽3米，重四十余吨，头铸"狮子王"三字，腹内铸经文，背置莲盆，怒目奋齿，昂首欲奔，由数百块30平方厘米的铁块分节叠铸而成，为我国早期最大的铸铁件之一。

● 蜀三关

指古代四川的三大关隘：阳平关、江关、白水关。

● 义阳三关

大别山脉的主要隘口，指武胜关、九里关、平靖关，位于河南省信阳市南豫鄂两省交界处。三关均为南北来往的交通要道和军事重地。因信阳在南北朝时为义阳郡治，故有"义阳三关"之称。三关均有古代箭楼、炮台和近代碉堡、战壕。20世纪50年代以来，三关已布满松杉林、果树园、竹园和茶园。

● 古代内三关

明代至今，河北境内沿内长城的居庸关、紫荆关、倒马关为"内三关"。

● 古代外三关

明代至今，河北境内沿外长城的雁门关、宁武关、偏头关为"外三关"。

● 山海关

位于河北省秦皇岛市东北15公里，本是旧临榆县东门，也称榆关，是长城东端的起点。明洪武十四年（1381年）在这里建关，因地处角山、渤海之间，形势险要，故名山海关，是华北、东北的咽喉，为兵家必争之地，有"万里长城第一关"或"天下第一关"之称。明末吴三桂引清兵所入之关，即山海关。

● 嘉峪关

位于甘肃省嘉峪关市西隅，是万里长城西端终点。建于明洪武五年（公元1312年），因位于嘉峪山东南麓，故名。依山筑城，居高凭险，横扼通衢，自古就是东西交通要冲、军事要地，有"天下第一雄关"之誉。

● 玉门关

又名小方盘城，故址位于甘肃省敦煌县西北戈壁滩上，相传古代和阗玉经此输入中原，故名"玉门"，与阳关同为当时通西域的交通门户，丝绸之路北路在此经过。

● 阳　关

西汉时设置，故址位于今甘肃省敦煌西南古董滩附近，因位于玉门关之南，故名"阳关"。与玉门关同为当时通西域的交通门户，丝绸之路南路经此，如唐朝王维《渭城曲》有诗云"西出阳关无故人"。宋朝以后中国和西方的陆路交通渐为海路所代替，于是阳关废弃。

● 潼　关

位于今陕西省潼关县北，古为桃林塞，东汉设"潼关"，因关西一里有潼水，故名。关城雄踞山腰，南依秦岭，北带渭水、洛水，扼苏河要津，谷深崖绝，仅容一车一骑通过，号为天险，是陕西、山西、河南三省交通要地，西安之门户。

● 函谷关

有古关、新关两处，古函谷关位于今河南省灵宝县东北，战国时秦国设置，东自崤山，西至潼津，大山中裂，绝壁千仞，有路如槽，深险如函，故名"函谷"，关在谷中，因以为名。楚汉之争时，刘邦入咸阳，遣兵守函谷关以拒项羽。新函谷关位于今河南新安县东。

● 友谊关

位于广西凭祥市西南18公里，又名"大南关""界首关"，建于明洪武年间，初名"鸡陵关"，清初改为"镇南关"，1953年改为"睦南关"，1965年改为"友谊关"。此关左右都是山，是我国通往越南的交通要口之一。1885年3月中法战争时，清军老将冯子材在这里歼灭法军千余名。

娘子关

位于晋、冀两省交界处，属山西省平定县，曾称苇泽关，相传唐高祖李渊之女平阳公主曾率领娘子军驻此，故名。此关扼华北平原与山西高原的咽喉，为兵家重地，是太行山著名关隘之一。

● 鬼门关

古关名，位于今广西北流县城西，在玉林、北流两县间，双峰对峙，中成关门。古代通往钦、廉、雷、琼和交趾，皆经此关。其南尤多瘴疠，去者罕得生还，古有"鬼门关，十人去，九不还"之说。明朝时曾先后改名桂门关、天门关，但仍多称鬼门关。

● 剑　阁

古道路名，位于今四川省剑阁县东北大剑山、小剑山之间，长约三十余里。三国时蜀相诸葛亮凿崖架木为栈道，设官戍守，向为川陕间主要通道，入蜀门户。三国末期，魏将钟会、邓艾南下攻蜀，蜀将姜维退守剑阁。

● 斜谷道

古隘道名，位于今陕西省眉县西南，地处秦岭太白山，有狭谷长170里，北口称斜，南口称褒，为古代陕、蜀通道，名为"褒斜道"，这是其谷北的部分。蜀汉章武时，诸葛亮伐魏，称由斜谷道取，派赵云、邓芝为疑军，而自率大军出祁山，关中震动。

● 故　道

古道路名，又称陈仓道，是秦岭南北的主要通道，陕、蜀来往经此。北起陈仓（今陕西省宝鸡市东），向西南经大散关沿故道水（今嘉陵江）河谷至今陕西凤县，折东南过褒谷抵汉中，斜谷道废弃后，成为北栈道的一段。

● 赵州桥

又称"安济桥"，位于河北省赵县城南2.5公里处，它横跨洨水南北两岸，建于隋朝大业年间（公元605年—公元616年），是著名匠师李春建造，距今已有一千三百多年的历史。因桥体全部用石料建成，俗称"大石桥"。

● 洛阳桥

我国现存最早的跨海梁式大石桥，位于福建省泉州东郊的洛阳江上，是世界桥梁筏形基础的开端。原名"万安桥"，宋代泉州太守蔡襄主持建桥工程，前后历7年之久，耗银1400万两，才建成这座跨江接海的大石桥。桥之中亭附近历代碑刻林立，有"万古安澜"等宋代摩崖石刻；桥北有昭惠庙、真身庵遗址；桥南有蔡襄祠，著名的蔡襄《万安桥记》宋碑即立于祠内，被誉为书法、记文、雕刻"三绝"。

● 广济桥

位于广东省潮州市古城东门外。横跨浩瀚的韩江，居闽粤交通要津，以其"十八梭船廿四洲"的独特风格，被著名桥梁专家茅以升誉为"世界上最早的启闭式桥梁"。广济桥俗称湘子桥，宋乾道七年（1171）由太守曾汪创建，初为浮桥，由86艘巨船连接而成，始名"康济"。该桥集梁桥、拱桥、浮桥于一体，是我国桥梁史上的孤例。桥墩上建有形式各异的廿四对亭台楼阁，兼做经商店铺，故有"廿四楼台廿四样""一里长桥一里市"之美称。

● 霁虹桥

位于距云南省保山市50公里的澜沧江畔，建于明代成化十一年（1475）。此桥用铁链连接，其长约106米，宽3.5米，高20多米，跨径为60米，所用铁链15根，绞链176扣。桥面铺垫横直两层木板通行。经有关专家考证，霁虹桥是世界上最古老的铁索桥。

● 安平桥

位于福建省晋江市安海镇和南安市水头镇之间的海湾上，因安海镇古称安平道，由此得名；又因桥长约5华里，俗称五里桥。安平桥属于中国古代连梁式石板平桥，始建于南宋绍兴八年（1138），历时14年建成。明、清两代曾多次重修。该桥是中古时代世界最长的梁式石桥，也是我国现存最长的海港大石桥，享有"天下无桥长此桥"之誉。

● 嵩岳寺塔

位于郑州登封市西北5公里处嵩山南麓峻极峰下嵩岳寺内，初建于北魏正光四年（523），塔顶重修于唐朝。塔高四十多米，15层，平面呈12角形，塔身分上下两部。该塔历经一千四百多年风雨侵蚀，仍巍然屹立，是中国现存最早的砖塔，也是全国古塔中的孤例。嵩岳寺塔为砖筑密檐式塔，也是唯一的一座12边形塔，其近于圆形的平面，分为上下两段的塔身。

● 飞虹塔

位于山西省洪洞县东北17公里的霍山之巅的广胜寺，塔身五彩纷呈，神奇异妙如雨后彩虹，"飞虹塔"因而得名。该塔设计十分巧妙，是国内最大、最完整的一座琉璃塔。飞虹塔始建于汉，屡经重修，现存为明武宗正德十一年（1516）始建，历时12年建成。清康熙三十四年（1695）临汾盆地8级地震，此塔安然无恙。

● 释迦塔

中国辽代高层木结构佛塔，位于山西省应县城内西北隅佛宫寺内，因塔内供释迦佛，故名，又因塔身全是木制构件叠架而成，所以俗称应县木塔。佛宫寺建于辽代，历代重修，现存牌坊、钟鼓楼、大雄宝殿、配殿等均经明清改制，唯辽清宁二年（1056）建造的释迦塔巍然独存，后金明昌二年至六年（1191—1195）曾予加固性补修，但原状未变，是世界现存最古老、最高大的全木结构高层塔式建筑。

● 千寻塔

位于云南大理县西北崇圣寺内，建于公元9世纪的大理属南诏国，相当于唐朝中晚期，现在寺院建筑荡然无存，只有寺前三塔仍巍然屹立。千寻塔在三塔中最大，位于南北两座小塔前方中间，所以又称中塔，全名为"法界通灵明道乘塔"。塔高69.13米，塔心中空，在古代有井字形楼梯可以供人攀登。塔顶四角各有一只铜铸的金鹏鸟，传说用以镇压洱海中的龙妖水怪。塔下有明朝黔国公沐氏的楷书"山海大观"四个大字。三塔建筑规模宏伟，设计水平高超，虽经一千多年的风雨剥蚀和无数次地震的考验，塔基仍很坚固，塔身也未见倾斜。据《南诏野史》记载：塔上有一万一千多尊铜佛，用铜40500斤。明朝正德十年（1515）大地震和1925年大地震时，大理城内房屋十有九塌，三塔却安然无恙。

● 佑国寺塔

俗称铁塔，位于河南省开封市东北一隅，北宋皇佑元年（1049）

建，因镶褐色琉璃砖，远望似铁铸，故名。塔身虽历经地震、河患等自然灾害袭击，仍巍然屹立。塔身细部雕以飞天、降龙、力士等五十余种，神态生动。建国后整修一新，现已变为铁塔公园。

● 四门塔

位于山东省历城县柳埠村青龙山麓神通寺遗址东侧，隋炀帝大业七年（611）建，塔身用大块青石砌成，单层方形，高15.04米，每边宽7.4米，四面各开一半圆形拱门，明清以来遂习称四门塔，是现存最早的石塔。

● 莫高窟

俗称千佛洞，被誉为20世纪最有价值的文化发现，有"东方卢浮宫"之称。坐落在河西走廊西端的敦煌，以精美的壁画和塑像闻名于世。它始建于十六国的前秦时期，经十六国、北朝、隋、唐、五代、西夏、元等历代的兴建，形成巨大的规模，现有洞窟735个，壁画4.5万平方米，泥质彩塑 2 415尊，是世界上现存规模最大、内容最丰富的佛教艺术圣地。近代以来又发现了藏经洞，内有五万多件古代文物，由此衍生专门研究藏经洞典籍和敦煌艺术的学科——敦煌学。

● 云冈石窟

我国最大的石窟之一，与敦煌莫高窟、洛阳龙门石窟和麦积山石窟并称为中国四大石窟艺术宝库。位于山西省大同市以西16公里处的武周山南麓，依山而凿，东西绵延1公里，气势恢宏，内容丰富。现存主要洞窟45个，大小窟龛252个，造像5.1万余尊，代表了公元5世纪至6世纪中国杰出的佛教石窟艺术。其中的昙曜五窟，布局设计严谨、统一，是中国佛教艺术第一个巅峰时期的经典杰作。

● 龙门石窟

位于洛阳市区南面12公里处，这里有东、西两座青山对峙，伊水缓缓北流。远远望去，犹如一座天然门阙，所以古称"伊阙"。龙门石窟开凿于北魏孝文帝迁都洛阳（493）前后，后来，历经东西魏、北齐，到隋唐至宋等朝代又连续大规模营造达四百余年之久。密布于伊水东西两山的峭壁上，南北长达1公里，现存窟龛2 345个，题记和碑刻2 680

余品，佛塔70余座，造像10万余尊。其中最大的佛像高达17.14米，最小的仅有2厘米。

● 麦积山石窟

麦积山位于甘肃省天水市东南约35公里处，是我国秦岭山脉西端小陇山中的一座奇峰，海拔1742米，但山高离地面只有142米，山的形状奇特，孤峰突起，犹如麦垛，因此人们称之为麦积山。麦积山石窟建自公元384年，后来经过十多个朝代的不断开凿、重修，遂成为我国著名的大型石窟之一。麦积山石质皆为紫褐色的水成岩，其山势陡然，独峰耸立，最初有许多天然岩洞。现存洞窟194个，其中有从4世纪到19世纪以来的历代泥塑、石雕7200余件，壁画1300平方米。

● 榆林窟

亦称万佛峡，位于甘肃省安西县城南70公里，开凿年代无文字可考。但从其中心柱形制的洞窟及第25洞前室天王壁上"光华三年"的题记推断，当凿于隋唐以前。现存41窟，保存壁画内容包括佛教故事、花卉禽兽、士庶人物等题材。第25窟的大幅西方净土、弥勒净土图，有吴道子一派风格。

● 殷 墟

位于河南省安阳市洹水两岸，是中国第一个有文献记载并为甲骨文和考古发掘所证实的商代都城遗址。殷墟遗址的面积超过36平方公里，其中宫殿宗庙遗址、王陵遗址是核心区域。从1928年由中国学术机构独立主持考古发掘开始，在殷墟先后发现了110多座商代宫殿宗庙建筑基址、12座王陵大墓、洹北商城遗址、2500多座祭祀坑和众多的族邑遗址、家族墓地群、手工业作坊遗址、甲骨窖穴等，出土了数量惊人的甲骨文、青铜器、玉器、陶器、骨器等精美文物，全面、系统地展现出3300年前中国商代都城的风貌。2001年3月，在由国内48家权威考古机构参加的"中国20世纪100项考古大发现"的评选中，殷墟以最高票数名列榜首。

● 黄帝陵

远古黄帝轩辕氏的墓，位于陕西省黄陵县城北桥山上。传说黄帝为中原各族共同的祖先，养蚕、舟车、文字等也始于其时。黄帝陵高3.6米，周长 48 米。南侧有"汉武仙台",传说汉武帝曾在此祭黄帝。黄帝陵在甘肃、河北、河南也有，但《史记·五帝本纪》说："黄帝崩，葬桥山。"

● 秦始皇陵

秦始皇嬴政的墓，位于西安市临潼区城东约 5 公里，距西安市城区 37 公里，南靠骊山，北临渭水，陵园总面积为 56.25 平方公里。陵上封土原高约 115 米，现仍高达 76 米，陵园内有内外两重城垣，内城周长 3 840 米，外城周长 6 210 米。内外城廓有高 8 米至 10 米的城墙，今尚残留遗址。秦始皇陵是中国历史上第一个皇帝陵园。其巨大的规模、丰富的陪葬物居历代帝王陵之首，是中国历史上最大的皇帝陵，是世界上最大的地下皇陵（古埃及金字塔是世界上最大的地上王陵）。

● 秦兵马俑

全称秦始皇兵马俑陪葬坑，是世界上最大的地下军事博物馆。俑坑布局合理，在深 5 米的坑底，每隔 3 米架起一道东西向的承重墙，兵马俑排列在墙间空档的过洞中。秦陵内共有 3 个兵马俑坑，呈品字形排列。秦始皇一号俑坑，呈长方形，东西长 230 米，南北宽 62 米，深 5 米，总面积 14 260 平方米，四面有斜坡门道。俑坑中最多的是武士俑，身高 1.7 米左右，最高的 1.9 米。陶马高 1.5 米左右，身长 2 米左右，战车与实用车的大小一样。人、马车和军阵是通过写实手法的艺术再现。秦俑大部分手执青铜兵器，有弓、弩、箭镞、铍、矛、戈、殳、剑、弯刀和钺。青铜兵器因经过防锈处理，埋在地下两千多年，至今光亮、锋利如新，它们是当时的实战武器。武士俑身穿甲片细密的铠甲，胸前有彩线挽成的结穗。军吏头戴长冠，数量比武将多。秦俑的脸型、胖瘦、表情、眉毛、眼睛和年龄都有差异。

● 明孝陵

明太祖朱元璋的墓，位于江苏省南京市钟山南麓。洪武十四年（1381 年）开始营建，地上建筑较多，陵前有石人、石兽及神功圣德碑等，是我国现存最大的帝王陵墓之一。

● 十三陵

明代自成祖至思宗十三个皇帝的陵墓，位于北京市昌平县天寿山南麓，建制基本一致，均为长方形。十三陵即长陵（成祖）、献陵（仁宗）、景陵（宣宗）、裕陵（英宗）、茂陵（宪宗）、泰陵（孝宗）、康陵（武宗）、永陵（世宗）、昭陵（穆宗）、定陵（神宗）、庆陵（光宗）、德陵（熹宗）、思陵（思宗）。

● 清东陵

清朝皇帝墓群之一，位于河北省遵化县马兰峪，有帝陵五座，即孝陵（顺治）、景陵（康熙）、裕陵（乾隆）、定陵（咸丰）、惠陵（同治），后陵四座，妃寝五座，公主寝一座，是我国现存建筑体系完整的皇室陵寝之一。

● 清西陵

清朝皇室墓群之一，位于河北省易县永宁山下，有帝陵四座，即泰陵（雍正）、昌陵（嘉庆）、慕陵（道光）、崇陵（光绪），后陵三座，妃寝三座，公主寝四座。陵园规模宏大，内围墙长达21公里，有殿宇千余间、石雕及石建筑百余座，建筑面积达50万平方米。

● 故　宫

旧称紫禁城，位于北京市中心，始建于明永乐四年（1406），永乐十八年（1420）建成。是明、清两代的皇宫，无与伦比的古代建筑杰作，世界现存最大、最完整的古建筑群，被誉为世界五大宫之首（另四大宫是法国凡尔赛宫、英国白金汉宫、美国白宫、俄罗斯克里姆林宫）。故宫南北长961米，东西宽753米，面积约为725000平方米。建筑面积15.5万平方米，有房间9999.5间。宫城周围环绕着高12米、长3400米的宫墙，形式为一长方形城池，墙外有52米宽的护城河环绕，形成一个壁垒森严的城堡。故宫宫殿建筑均是木结构、黄琉璃瓦顶、青白石底座，饰以金碧辉煌的彩画。故宫有四门，正门名午门，东门名东华门，西门名西华门，北门名神武门。故宫现多指北京故宫博物院。

● 沈阳故宫

在辽宁省沈阳市中心，清初的皇宫，原名盛京宫阙，始建于后金天命十年（1625），清崇德元年（1636）基本完成，清顺治元年（1644）

爱新觉罗·福临在此即帝位，乾隆、嘉庆年间又有增建。

● 布达拉宫

布达拉，或译普陀，梵语意为"佛教圣地"。布达拉宫位于西藏拉萨市北玛布日山上，相传公元7世纪松赞干布为迎娶文成公主在此建宫室，后世又多有修筑，到17世纪中叶达赖王世受清朝廷册封后，大加扩建，历时近五十年，始具今天规模。

● 杜甫草堂

位于四川省成都市西郊浣花溪畔，原为唐朝诗人杜甫流寓成都时的故宅旧址。公元759年冬天，杜甫为避"安史之乱"，携家入蜀，在友人的帮助下，在成都西郊的浣花溪畔修建茅屋居住，茅屋称"成都草堂"，即杜甫诗中提到的"万里桥西宅，百花潭北庄"的"成都草堂"。杜甫在这里先后居住近四年，留下诗作二百四十余首，如《春夜喜雨》《蜀相》等名篇，其中《茅屋为秋风所破歌》更是千古绝唱。原宅在中唐后已不存，北宋重建茅屋、立祠宇，元、明、清各代进行过修葺。明弘治十三年（1500年）和清嘉庆十六年（1811年）的两次修建，奠定了后来的规模，今存主要建筑有诗史堂、工部祠、大廨以及杜甫石刻像等。

● 晋　祠

位于山西省太原市西南25公里悬瓮山下晋水发源处，始建于北魏，为纪念周武王次子姬虞。姬虞封于唐，称唐叔虞，虞子燮继父位，因临晋水，改国号为晋，因此后人习称晋祠。北魏以后，北齐、隋、唐、宋、元、明、清各代都曾对晋祠重修扩建。祠内有圣母殿、唐叔祠、关帝庙、水母楼等建筑及周柏唐槐和难老泉（泉水不因旱涝而增减），其中难老泉、宋塑42歌侍女像、圣母像被誉为"晋祠三绝"。

● 武侯祠

纪念中国古代三国时期蜀汉丞相诸葛亮的祠宇。公元234年，诸葛亮因积劳成疾，病卒于北伐前线的五丈原，时年54岁。诸葛亮为蜀汉丞相，生前曾被封为"武乡侯"，死后又被蜀汉后主刘禅追谥为"忠武侯"，因此历史上尊称其祠庙为"武侯祠"。全国最早的武侯祠在陕西省汉中的勉县，其所在地乃诸葛亮当年赴汉中屯军北伐的"行辕相府"故址。目前最有影响的是成都武侯祠，是中国唯一的君臣合祀祠庙，由刘备、诸葛亮蜀汉君臣合祀祠宇及惠陵组成。此外，还有南阳武侯祠、襄樊古隆中武侯祠、重庆奉节白帝城武侯祠、云南保山武侯祠和甘肃礼县祁山武侯祠等。

● 岱　庙

又称东岳庙或泰山庙，位于泰安市区北，泰山南麓。其南北长406米，东西宽237米，总面积9.6万平方米，是泰山最大、最完整的古建筑群，为道教神府，是历代帝王举行封禅大典和祭祀泰山神的地方。始建于秦汉，后各代都有增修，是中国宫殿式建筑群。以南北为中轴，两旁配以殿庑、廊亭，四周筑宫墙角楼，殿宇巍峨，文物古迹众多，主殿天贶殿与北京太和殿、曲阜大成殿合称"中国三大殿"。

● 万里长城

是中国古代劳动人民创造的伟大奇迹，中国悠久历史的见证，与天安门、兵马俑一起被世界视为中国的象征。春秋战国时秦、赵、燕等国为了防御北方游牧民族入侵，在国境北部修筑长城。秦统一六国后，派蒙恬北击匈奴，接着又将原来秦、赵、燕长城连接为一，此后诸朝屡有修建。长城东起辽宁丹东虎山，西至甘肃嘉峪关，从东向西行经10个省、区、市。长城的总长度为8 851.8公里，其中人工墙体长度为6 259.6公里，壕堑和天然形成长度为2 592.2公里。

● 京杭大运河

是世界上里程最长、工程最大、最古老的运河之一，与万里长城并称为我国古代的两项伟大工程。北起北京（涿郡），南到杭州（余杭），经北京、天津两市及河北、山东、江苏、浙江四省，贯通海河、黄河、淮河、长江、钱塘江五大水系，全长1794公里。大运河肇始于春秋时期，形成于隋代，发展于唐宋，最终在元朝成为沟通海河、黄河、淮河、长江、钱塘江五大水系，纵贯南北的水上交通要道，开凿到现在已有两千五百多年的历史。京杭大运河对中国南北地区之间的经济、文化发展与交流，特别是对沿线地区工农业经济的发展和城镇的兴起，均起了巨大作用。

● 丝绸之路

史学家把沟通中西方的商路统称为丝绸之路。因其上下跨越历史两千多年，涉及陆路与海路，所以按历史划分为先秦、汉唐、宋元、明清四个时期，按线路有"陆上丝路"与"海上丝路"之别。"陆上丝路"因地理走向不一，又分为"北方丝路"与"南方丝路"。"陆上丝路"所经地区的地理景观差异很大，人们又把它细分为"草原森林丝路""高山峡谷丝路"和"沙漠绿洲丝路"。丝绸是古代中国沿商路输出的代表性商品，而作为交换的主要商品，也被用做丝路的别称，如"皮毛之路""玉石之路""珠宝之路"和"香料之路"。"海上丝路"在中世纪以后输出的瓷器很多，所以又名"瓷器之路"。总之，丝绸之路有广义与狭义之分，广义的丝路是古代中西方商路的统称，狭义的丝路仅指汉唐时期的沙漠绿洲丝路。

● 都江堰

坐落于四川省成都市城西，位于成都平原西部的岷江上。建于公元前256年，由战国时秦国蜀郡太守李冰和他的儿子组织建成，是全世界迄今为止年代最久、唯一留存、以无坝引水为特征的宏大水利工程。都江堰水利工程由创建时的鱼嘴分水堤、飞沙堰溢洪道、宝瓶口引水口三大主体工程和百丈堤、人字堤等附属工程构成，科学地解决了江水自动分流、自动排沙、控制进水流量等问题，消除了水患，使川西平原成为"水旱从人"的"天府之国"，两千多年来，一直发挥着防洪灌溉作用，目前都江堰灌溉范围已达四十多个县，灌溉面积达到66.87万公顷。都江堰附近文物古迹众多，主要有伏龙观、二王庙、安澜索桥、玉垒关、离堆公园、玉垒山公园、玉女峰、南桥、灵岩寺、翠月湖等。

● 杏花村

位于山西省汾县东北，以产佳酿汾酒闻名天下。早在一千五百多年前的南北朝时代，这里的杏花村酒已闻名国内，而且历代的杏花村都以酿酒、酒文化闻名，盛唐时这里以"杏花村里酒如泉""处处街头揭翠帘"成为酒文化的古都。历史上，我国古代著名诗人李白、杜甫、杜牧等都赋诗赞誉。

● 浣　江

一名浣浦，又名浣纱溪，是浙江省浦阳江流经诸暨县城南苎萝山附近河段的名称。江畔有"浣纱石"，相传为春秋越国美女西施浣纱处，濒江石壁有摩崖石刻"浣纱"两字，传为东晋书圣王羲之手笔，江由此得名。山上有西施殿、西施亭等古迹。

● 汨罗江

位于湖南东北部，因有汨、罗两水相汇，故称汨罗江。西流注入洞庭湖。汨罗江因爱国诗人屈原忧愤国事，行吟江畔，后抱石投江而闻名于世，其沉水处至今犹称"屈潭"。

● 鸿　门

又称项王营，位于今陕西省西安市临潼区东鸿门堡，南接高原，北临渭水，为古代通新丰的大道。由于雨水冲刷，形似鸿沟，北端出口处又似洞门，故称"鸿门"。楚汉之争时，项羽驻军鸿门，沛公（刘邦）驻军霸上，项羽将击沛公，刘邦急至鸿门请谢，项王留沛公饮酒，史称"鸿门宴"。

● 垓　下

古地名，位于今安徽省灵璧县南沱河北岸。公元前202年，楚汉决战于此，汉王刘邦率兵追击西楚霸王项羽，兵分三路，围攻垓下，项羽兵败，骑乌骓突围南走，至乌江（今安徽和县东北）自刎而死。

● 桃花源

位于湖南省桃源县城西南15公里水溪附近，相传为晋朝诗人陶渊明著《桃花源记》之地。从唐朝开始，营建寺庙，宋朝时更盛，后屡毁屡建。清光绪年间重修，沿山布置亭阁，按陶渊明诗文命名。建国后，整修一新，为著名游览地，桃花源依山面水，源前耸立"桃花源"三字牌楼。

● 赤　壁

位于湖北省蒲圻县西北赤壁山，隔江与乌林相望。东汉建安十三年（公元208年），孙权、刘备联军大败曹军于此，此战确定了曹操、孙权、刘备的三足鼎立之势。

● 逍遥津

位于安徽省合肥市东北角，古为淝水上渡口，相传是东汉末年曹操大将张辽勇胜孙权之地，建国后辟为公园，是合肥市著名游览地。

● 采石矶

位于安徽省马鞍山市西南长江东岸翠螺山麓，原名牛渚矶，因产五彩石，三国时东吴改名采石矶，沿用至今，为"长江三矶"之一（另两处为南京燕子矶、岳阳城陵矶）。采石矶突立江流，形势险峻，自汉末孙策在这里渡江后，历为江防重镇，南宋绍兴末，金主完颜亮南侵，挥兵渡采石矶，为宋将虞允文所败。

● 五丈原

古地名，位于今陕西省岐山县南，西接麦里河，东接石头河，南临棋盘山，北据渭水，形势险要。三国时蜀汉建兴十二年（234），诸葛亮最后一次伐魏，出斜谷，屯军五丈原，司马懿坚壁拒守，相持百余日后，诸葛亮病卒于此。

● 华清池

位于陕西省临潼县骊山西北麓，自古以来是著名的沐浴、游览胜地，秦已建离宫，名为"骊山汤"。唐贞观十八年（644）建汤泉宫。天宝六年（747），大兴土木，治汤井为池，环山列宫殿，改称华清宫，又名华清池。每年冬季，唐玄宗携杨贵妃游于此，唐朝诗人白居易的《长恨歌》曾描绘此地。

● 马嵬坡

一名马嵬驿，位于陕西省兴平县西25里，传为晋人马嵬筑城于此，故名。安史之乱时，唐玄宗李隆基从长安逃奔成都，行至马嵬驿，随行军士哗变，以咎在杨家，杀死奸相杨国忠，又迫李隆基缢死杨贵妃。

● 桃花潭

位于安徽省泾县西南（一说位于今宿松县西上河口），唐朝诗人李

196

白为答谢泾川豪士汪伦盛情，作《桃花潭绝句·赠汪伦》诗："李白乘舟将欲行，忽闻岸上踏歌声。桃花潭水深千尺，不及汪伦送我情。"潭在陡壁下，水深数丈，清澈见底，今尚存"踏歌古岩"楼阁、酌海楼、文昌楼等。

● 陈桥驿

古驿站名，位于今河南开封市东北陈桥镇，五代、北宋时为开封到河北大名的第一个驿站。公元960年，后周禁军统领赵匡胤在这里发动兵变，授意下属"黄袍加身"，建立北宋，史称"陈桥兵变"。

● 景阳岗

位于山东省阳谷县城东南，相传是梁山好汉武松打虎之地。在绿荫环抱的沙岗上有"景阳岗"三字石碑。武松打虎为民除害，乡民建庙塑像纪念，武松庙和打虎塑像已重新整修，旁建碑亭，石碑上镌刻"武松打虎处"五个字。

● 梁山泊

古代湖泊名，故址位于今山东省梁山、郓城、巨野等县间。曾为北宋末年宋江农民起义的根据地。泊中有梁山，山周二十余里。这里地势低洼，山南即古之大野泽。五代以后，河水南移，环梁山皆为水淹，始称"梁山泊"。北宋黄河又多次决口，水汇其中，湖面益大，成为八百里"水泊梁山"。

● 花果山水帘洞

位于江苏省连云港市云台山上，《西游记》中"花果山""水帘洞"的描写背景之地。云台山分前、中、后，花果山位于前云台山之中，遍地奇花异草，果木丛生，如《西游记》写"四季好花常开，八节鲜果不断"之景。全国各地的水帘洞很多，但都是《西游记》流行以后起的名字，只有这里的水帘洞是在《西游记》流行以前便有了的。明朝海州人张朝瑞在为三元宫写的一块碑记里，便记载着水帘洞是香客必游之处。石壁上"高山流水"四个大字，是海州知州王同题于明朝嘉靖二十三年（1544年），那时《西游记》还不曾出书。

● 零丁洋

位于广东珠江口外，因中山县南有零丁山，山下海面遂称"零丁洋"，也作"伶仃洋"。南宋末文天祥抗元被俘，拒绝元朝将领张弘范的诱降，过此地时作《过零丁洋》诗以明志，其中有"人生自古谁无死，留取丹心照汗青"之名句。

● 百花洲

位于江西省南昌市东湖一带，共三洲，其中两洲在八一公园，一洲为省图书馆、少年宫之地。南宋词人辛弃疾描绘此处景色："萦绿带，点青钱，东湖春水碧连天。"有冠鳌亭、九曲桥等佳地，建国后多次疏浚东湖，扩建辟为八一公园，成为南昌著名风景游览区。

● 朱仙镇

位于河南省开封市西南，相传是战国时勇士朱亥（助信陵君椎杀晋鄙，退秦存赵而著名）的故乡，朱亥旧居叫仙人庄，故名"朱仙镇"。南宋绍兴十年（1140），岳飞大败金兵于郾城，进军朱仙镇。明、清后成为我国四大名镇之一。

● 乐山大佛

在四川省乐山市东南凌云山前，岷江、大渡河和青衣江汇合处。弥勒佛坐像面水背山而凿，始建于唐玄宗开元初年（713），至唐德宗贞元十九年（803）完成。佛头与山齐，脚踏江水，高达71米，肩宽24米，耳长6米，脚背可围坐百余人，是世界上最大的石刻佛像，人称"山是一尊佛，佛是一座山"。

● 承德避暑山庄

亦称承德离宫、热河行宫，位于河北省承德山区北部，距离北京200公里，是清代皇帝夏日避暑和处理政务的场所，为中国著名的古代帝王宫苑，始建于康熙四十二年（1703），建成于乾隆五十五年（1758），历时87年。避暑山庄占地564万平方米，环绕山庄蜿蜒起伏的宫墙长达万米，是中国现存最大的古典皇家园林，相当于颐和园的2倍，相当于8个北海公园。